CATIA V5 三维设计
——汽车零部件实例教程

李洲稷　主　编

周　辉　郭哲锋　副主编

北京理工大学出版社

BEIJING INSTITUTE OF TECHNOLOGY PRESS

内 容 简 介

本书为满足学生及工程设计人员学习三维设计技术的需求，以 CATIA V5 R21 软件为平台，按照软件各工作台之间的逻辑关系进行系统化的组织，以全生命周期的设计思想及参数化的设计特征，结合大量的工程实际案例，针对具体的特征、零件和产品的创建进行深入细致的介绍，以帮助读者明确设计意图，理清设计思路，掌握设计方法。

全书共分为 9 章，按照"知识点—实例—习题"的基本结构，通过重要知识点和典型实例操作相结合的方法，对 CATIA 的基础、常用的功能进行讲解，使读者能够快速达到熟练、准确、规范、灵活、高效地运用 CATIA 进行工业产品三维设计的目的。

本书适用于 CATIA V5 初、中级用户，可以作为理工科高等院校相关专业的学生用书和 CAD 专业课程实训教材、技术培训教材，同样适合企业、研究院的产品开发和技术部门人员使用。

图书在版编目（CIP）数据

CATIA V5 三维设计：汽车零部件实例教程／李洲稷主编. --北京：北京理工大学出版社，2023.2

ISBN 978-7-5763-2138-8

Ⅰ. ①C… Ⅱ. ①李… Ⅲ. ①汽车-零部件-计算机辅助设计-应用软件-教材 Ⅳ. ①U463-39

中国国家版本馆 CIP 数据核字（2023）第 034895 号

出版发行／北京理工大学出版社有限责任公司
社　　　址／北京市海淀区中关村南大街 5 号
邮　　　编／100081
电　　　话／（010）68914775（总编室）
　　　　　　（010）82562903（教材售后服务热线）
　　　　　　（010）68944723（其他图书服务热线）
网　　　址／http://www.bitpress.com.cn
经　　　销／全国各地新华书店
印　　　刷／涿州市新华印刷有限公司
开　　　本／787 毫米×1092 毫米　1/16
印　　　张／15　　　　　　　　　　　　　　　责任编辑／多海鹏
字　　　数／352 千字　　　　　　　　　　　　文案编辑／多海鹏
版　　　次／2023 年 2 月第 1 版　2023 年 2 月第 1 次印刷　　　责任校对／刘亚男
定　　　价／72.00 元　　　　　　　　　　　　责任印制／李志强

图书出现印装质量问题，请拨打售后服务热线，本社负责调换随着科技的发展，计算机二维绘图已不能适应现代工业生产制造的需要，工业设计已发展到全数字化阶段，三维设计已经成为现代工业的重要设计手段。因此，从事工程设计和开发的人员需要具有创造性构型思维和利用相关软件进行三维设计的能力。相关理工科院校需要开展先进三维设计技术的教学，以培养更多的三维设计应用型人才。

作为世界领先的三维设计软件，CATIA 在过去的三十多年中一直保持着强劲的发展趋势，被广泛应用于汽车、航空航天、轮船、军工、仪器仪表、建筑工程、电气管道、通信等各种工业领域，尤其是在汽车、航空航天领域的统治地位不断增强。CATIA 支持产品开发的多个阶段（CAX），包括概念化、设计（CAD）、工程（CAE）和制造（CAM），被称为三维产品生命周期管理软件套件。其中，设计（CAD）是 CATIA 的核心模块，也是后续产品生命周期管理功能的基础，该组工作模块主要包括草图编辑器、零件设计工作台、装配设计工作台、曲面设计工作台和工程制图工作台。

本书为满足学生及工程设计人员学习三维设计技术的需求，以 CATIA V5 R21 软件为平台，按照软件各工作台之间的逻辑关系进行系统化的组织，以全生命周期的设计思想及参数化的设计特征，结合大量的工程实际案例，针对具体的特征、零件和产品的创建进行深入细致的介绍，以帮助读者明确设计意图、理清设计思路、掌握设计方法。

全书共分为 9 章，按照"知识点—实例—习题"的基本结构，通过重点知识点和典型实例操作相结合的方法，对 CATIA 的基础、常用的功能进行讲解，使读者能够快速达到熟练、准确、规范、灵活、高效地运用 CATIA 进行工业产品三维设计的目的。其主要内容包括：

第 1 章 介绍 CATIA V5 软件基础知识，包括基本功能和工作环境等；

第 2 章 介绍 CATIA V5 软件的基本操作方法；

第 3 章 通过实例学习，全面掌握草图创建思路、方法和步骤；

第 4 章 通过实例学习，全面掌握实体创建思路、方法和步骤；

第 5 章 通过实例学习，全面掌握装配体创建思路、方法和步骤；

第 6 章 通过实例学习，全面掌握曲面创建思路、方法和步骤；

第 7 章 通过实例学习，全面掌握工程图创建思路、方法和步骤；

第 8 章 通过实例学习，全面掌握参数化建模设计创建思路、方法和步骤；

第 9 章 通过综合训练，全面掌握汽车车身焊装夹具的绘制方法和步骤。

本书内容充实、特色鲜明，强调培养实际设计能力。

本书所讲实例配备对应的资源包，以供读者练习时使用。

　　本书由洛阳理工学院李洲稷任主编，参与编写的人员有周辉、郭哲锋、程广伟、李洋、樊顺涛。其中第1、3、6、8章由李洲稷编写，第5、7章由周辉编写，第2、4章由郭哲锋编写，李洋、樊顺涛负责相关实例的收集整理，洛阳理工学院学报编辑部主任程广伟教授负责全书的统稿工作。此外，洛阳励达汽车技术有限公司胡记栋总经理提供了大量的实训资料。

　　由于编者水平有限，书中难免有不妥之处，敬请读者批评指正。

编　者

目　录

第1章
CATIA V5 概述

三维设计是新一代数字化、虚拟化、智能化设计平台的基础，它是建立在平面和二维设计的基础上，让设计目标更立体化、更形象化的一种新兴设计方法。在现代产品设计开发过程中，越来越多的企业利用 CATIA、UG、SolidWorks、AutoCAD 等软件进行三维设计，本章主要介绍 CATIA 软件及其操作界面。

1.1 CATIA 简介

CATIA（Computer Aided Tri-Dimensional Interface Application）是由法国著名飞机制造公司 Dassault 开发并由 IBM 公司负责销售的集 CAD/CAM/CAE/PDM 于一体的工程设计应用系统。CATIA 可以帮助用户完成大到飞机小到螺丝刀的设计及制造，它提供了完备的设计能力——从二维、三维到技术指标化建模，同时，作为一个完全集成化的软件系统，CATIA 将机械设计、工程分析及仿真和加工等功能有机结合，为用户提供严密的无纸化工作环境，从而达到缩短设计生产时间、提高加工质量及降低费用的效果。CATIA 起源于航空工业，其最大的标志客户即美国波音公司，波音公司通过 CATIA 建立起了一整套无纸化飞机生产系统，取得了重大的成功。

CATIA 诞生于 20 世纪 70 年代，最早用于幻影系列和阵风战斗机的设计制造中。从 1982 年到 1988 年相继推出了 CATIA V1、V2、V3、V4 版本，但只能在 IBM 的 UNIX 图形工作站上运行。为了扩大软件的用户群并使软件能够易学易用，Dassault 公司于 1994 年在 Windows NT 平台和 UNIX 平台上重新开发了全新的 CATIA V5 版本，在 Windows 平台的应用可以使设计师更加简单地同办公应用系统共享数据，而在 UNIX 平台上用户可以更高效地处理复杂的工作。到 2018 年，CATIA V5 已经更新至 CATIA V5 6R 2018 版本。

CATIA 通常被称为三维产品生命周期管理软件套件，支持产品开发的多个阶段（CAX），包括概念化、设计（CAD）、工程（CAE）和制造（CAM）。CATIA 围绕其 3D EXPERIENCE 平台促进跨学科的协同工程，包括表面和形状设计，电气、流体和电子系统设计，机械工程和系统工程。CATIA V5 版本包括概念布局设计、工业设计、机械设计、模塑产品设计、钣金设计、线束布局设计、管路设计、逆向工程、有限元结构分析、人机工程、电子样机工程、三轴加工设计等多个模块，覆盖了所有产品设计与制造领域，其特有的电子样机模块功能及混合建模技术更是推动着企业竞争力和生产力的提高。

作为世界领先的 CAD/CAM 软件，CATIA 在过去的四十年中一直保持着骄人的业绩，并继续保持强劲的发展趋势。CATIA 被广泛用于汽车、航空航天、轮船、军工、仪器仪表、建筑工程、电器管道、通信等各种工业领域，尤其是在汽车、航空航天领域的统治地位不断增强。国际一些著名的公司如空中客车、波音等飞机制造公司，宝马、克莱斯勒等汽车制造公司都将 CATIA 作为主流设计软件。西飞、沈飞、成飞、上飞、哈飞等国内大型飞机研究所和飞机制造厂均选用 CATIA，一汽集团、二汽集团、上海大众集团等多家汽车制造厂也都选择 CATIA 作为新车型的开发平台。

1.2　CATIA 的运行环境

1.2.1　硬件环境

Intel 奔腾 II 或 III 以上的 CPU，256 MB 以上的内存，2 GB 以上的硬盘，1 024×768 以上分辨率的显示器，16 MB 以上显卡（推荐 1 280×1 024、支持 OpenGL、支持 24 位真彩双缓冲区/24 位 Z 缓冲区/Stencil 缓冲区），推荐使用 3 键鼠标并需要 CD-ROM。

1.2.2　软件环境

Microsoft 公司的 Windows 2000/XP 或 NT、IBM 公司的 AIX、HP 公司的 HP-UX、SGI 公司的 IRIX 等操作系统。

1.3　主要功能模块

CATIA V5 包罗万象，有非常强大且全面的功能模块，能满足从设计到生产中各个方面的需求，在 3D 建模阶段主要使用到的是机械设计模块下的零件设计工作台、装配设计工作台、创成式曲面工作台，以及形状模块下的自由曲面工作台、数字化外形编辑器工作台和曲面快速重建工作台。下面对这几个工作台做简单的介绍。

1.3.1 零件设计（PDG：CATIA Part Design）

零件设计工作台是机械零件 3D 设计的强大设计工具。应用"智能实体"设计思想，广泛使用混合建模、关联特征和灵活的布尔运算相结合的方法，允许设计者灵活使用多种设计手法：可以在设计过程中或设计完成后，进行参数化处理；可以在可控制关联性的装配环境下进行草图设计和零件设计，在局部 3D 参数化环境下添加设计约束；支持零件的多实体操作，故可以轻松管理零件并进行修改。此外，PDG 图形化的特征树可表示出模型特征的组织层次结构，以便更清晰地了解影响设计修改的因素。设计人员可以对整个特征组进行管理操作，以加快设计修改。

1.3.2 装配设计（ASD：CATIA Assembly Design）

装配设计工作台可以帮助设计师用自顶向下（TOP-DOWN）或自底向上（BOTTOM-UP）的方法定义和管理多层次的大型装配结构，真正实现装配设计和单个零件设计之间的并行工程。通过简单地移动鼠标或选取图标，设计人员就能将零件拖动或快速移动到指定的装配位置；选择各种形式的机械约束，用来调整零件的位置并建立起约束关系；选择手动或者自动的方式进行更新，可以重新排列产品的结构，并进行干涉和缝隙检查；无须复制相同零件或子集装配数据，就可以在同一个装配件或不同的装配件中重复使用。ASD 可以建立标准零件库或装配件的目录库，能够自动生成爆炸图，分析功能可检查是否发生干涉及是否超过了定义的间隙限制，可以自动生成 BOM（Bill of Material）表，从而得到所有零件的准确信息。柔性子装配功能可以动态地切断产品结构和机械行为之间的联系。ASD 提供的这些高效的工作方式，使得装配设计者可以大幅度减少设计时间并提高设计质量。

1.3.3 创成式曲面设计（GSD：CATIA Generative Shape Design）

创成式曲面设计工作台可根据基础线架与多个曲面的特征组合，设计造型复杂的轿车车身。它提供了一套涵盖面广泛的工具集，用以建立并修改用于复杂车身或混合造型设计中的曲面。它基于特征的设计方法，提供了高效、直观的设计环境，包括智能化工具和定律功能，允许用户对设计方法和技术规范进行捕捉并在用。

1.3.4 自由曲面设计（FSS：CATIA Freestyle Shape）

自由曲面设计工作台提供了大量基于曲面的实用工具，允许设计师快速生成具有特定风格的外形及曲面。交互式外形修形功能甚至可以使设计师更为方便地修改、光顺和修剪曲线或曲面。借助于多种面向汽车行业的曲线、曲面诊断工具，可以实时检查曲线、曲面的质量。由于系统提供了一个可自由匹配的几何描述，支持 NURBS 和 Bezier 数学表达，因而设计师可以直接地处理修剪后的曲面，同时保持基础外形的相关性。这就大大提高了从最初 2D 造型图的平面线型构思到最终的 3D 模型生成这一过程的效率。

1.3.5 数字化外形编辑器（DSE：CATIA Digitized Shape Editor）

数字化外形编辑器工作台可以方便、快捷地导入多种格式的点云文件，如 Ascii free、Atos、Cgo 等，还提供了数字化数据的输入、整理、组合、坏点剔除、截面生成、特征线提取、实时外形质量分析等功能，对点云进行处理，并根据处理后的点云直接生成车身覆盖件的曲面。

1.3.6 曲面快速重建（QSR：CATIA Quick Surface Reconstruction）

曲面快速重建工作台为重建无论是否具有机械几何特征的曲面提供了一种快捷易用的手段，不仅可以构造不具有平面、圆柱面和倒角圆特征的自由曲面，还可以构造包括自由曲面在内的其他具有机械特征如凸台、加强筋、斜度和平坦区域的特征曲面。使用此模块可以直接依据点云数据重建曲面，也可以将原有实体修改后通过数字化处理成点云数据，再利用 QSR 重建需要修改的曲面。

1.4 产品设计的一般过程

利用 CATIA 软件进行产品设计开发的过程通常分成三个阶段：三维设计阶段、数字样机阶段和样机试制与测试阶段。

1.4.1 三维设计阶段

在利用 CATIA 软件对产品进行设计时首先进入装配设计工作台插入新建零部件，然后在零件设计工作台进行基于草图轮廓的零部件设计：在草图编辑器工作台绘制出零件轮廓，再选择合适的特征生成三维零件实体。当所有零件设计完成后切换回装配设计工作台进行零件装配并添加适合的约束。

1.4.2 数字样机阶段

三维设计完成后可对产品进行运动仿真及工程分析，可查看产品中各零部件的碰撞、间隙及干涉的具体信息，也可对零部件进行快速准确的受力分析，实现在设计阶段进行仿真、分析的操作，缩短设计周期。

1.4.3 样机试制阶段

此阶段可以使用 CATIA 从 3D 模型直接生成 2D 工程图，为实现对实物样机进行生产加工提供图纸数据，也可以直接由 3D 模型指导产品的数控加工。

1.5 操作界面

1.5.1 工作界面

CATIA V5 采用了统一的工作界面，它虽然拥有许多的功能模块，但每个模块的工作台界面风格是一致的。如图1-1所示，工作区域位于屏幕的中央，顶部为菜单栏，左侧为设计特征树，工具栏布置在四周，可任意拖拽，底部为人机信息交互提示区。

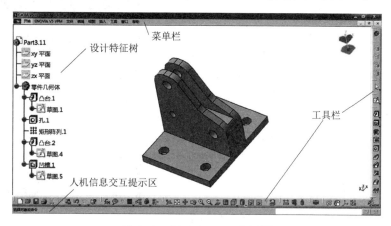

图1-1　CATIA V5工作界面

1.5.2　启动

单击"开始"按钮，从弹出的菜单中选择CATIA V5 R20程序，或者双击CATIA的快捷图标 ，即可启动CATIA。

CATIA V5软件的版本有很多，在使用上差异很小，最大的不同点是，低版本的软件无法打开高版本软件所保存的文件，高版本的软件可以打开低版本软件所保存的文件，通用格式的文件除外。

1.5.3　开始菜单

软件启动后，可看到如图1-2所示的操作界面，在最上方为菜单栏，包含"开始""ENOVIA V5 VPM""文件""编辑""视图""插入""工具""窗口"和"帮助"等。

图1-2　CATIA V5操作界面

单击菜单栏中的"开始"，可显示 CATIA V5 R20 版本共有的 13 个功能模块，这些功能几乎涵盖了现代工业领域的全部应用。本书主要介绍机械设计模块下的零件设计工作台、装配设计工作台、曲面设计工作台、工程制图工作台和形状模块下的自由曲面工作台。选择图 1-2 中需要的工作台，单击进入。

单击菜单栏中的"文件"，选择"新建"命令，在弹出的"新建"对话框中也可根据新建的类型进入相对应的工作台，如图 1-3 所示，例如，选择 Part 类型，即可进入零件设计工作台。

图 1-3　"新建"对话框

1.5.4　选项设置

当进入某个用户工作台后，可以根据设计要求对工作台环境进行设置。

单击菜单栏中的"工具"，选择"选项"命令，弹出如图 1-4 所示的对话框，在该对话框左侧是各项模块的结构树，右侧对应所选模块的项目设置，可以根据设计需求对某些项目进行重新设置。如果设置有误，则可以单击对话框左下角的 🖳 图标，将参数值重置为默认值。

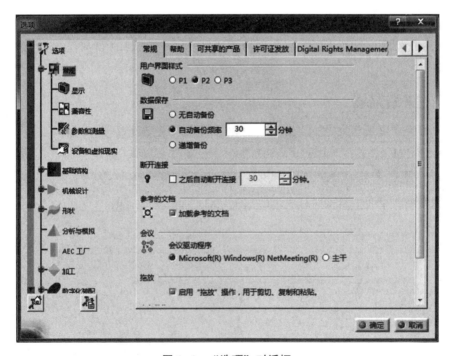

图 1-4　"选项"对话框

1.5.5　工具栏

CATIA V5 软件中不同的工作台中有很多通用工具栏，下面介绍经常会使用到的工具。

1）标准工具栏

标准工具栏一般放在工作界面下部，其用法与 Windows 操作系统保持一致，有"新建文件""打开文件""保存文件""打印""剪切""复制""粘贴""撤销""返回"和"帮助"命令，如图1-5所示。

图1-5 标准工具栏

如发现文件无法打开，有两种可能：计算机时间晚于文件创作时间，需将计算机时钟调整一下；低版本的软件打不开高版本软件创建的文件，stp 格式文件除外。

CATIA V5 不接受中文命名的文件名，建议用数字或英文字母为文件名。保存文件时，不同的工作台下保存的文件类型有所不同，例如，零件工作台文件类型为 CATPart、装配设计工作台文件类型为 CATProduct。

2）视图工具栏

视图工具栏的各项命令的功能是方便观察模型对象，其是设计操作过程的辅助工具，不论采用哪种命令操作对象，都不会改变对象的尺寸参数和几何形状。视图工具栏上的命令名称如图1-6所示。

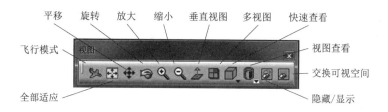

图1-6 视图工具栏的命令名称

"平移""旋转""放大"和"缩小"命令一般使用鼠标操作，下面介绍其他几个常用的命令：

（1）全部适应：单击该命令，所建全部对象就会自动显示并以最大方式显示在窗口中。

（2）垂直视图：利用该命令可以将物体上指定的平面置于与窗口平行的位置。操作方法：选择物体的某个平面，单击"法向视图"按钮，则选择的平面将置于与窗口平行的位置，再单击"法向视图"按钮还可以将二维草图左右翻转180°。

（3）隐藏/显示：用于对选定对象的隐藏或显示。CATIA V5 有隐藏空间和显示空间两个空间。操作方法：单击"隐藏"/"显示"命令，选择隐藏/显示的对象，则对象就会隐藏/显示于不可见空间；或选择对象单击鼠标右键，在快捷菜单上选择"隐藏"/"显示"命令；或者设置快捷键如空格键为"隐藏"/"显示"命令，即单击工具—自定义，弹出自定义对话框（见图1-7），选择"命令"—"视图"—"隐藏/显示"—"隐藏属性"，出现"命令属性"，在"加速器"中输入"Space"，快捷键即设置完成。被隐藏的对象在设计特征树上的图标显示为虚化。

（4）交换可视空间：用于切换显示空间与隐藏空间，当切换到隐藏空间时，即可以显

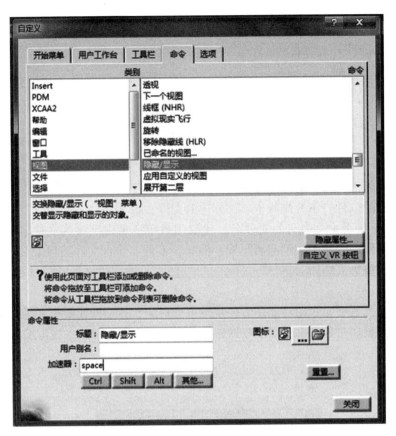

图 1-7　"自定义"对话框

示在可见空间被隐藏的对象。

　　3）图形属性工具栏

　　图形属性默认处于隐藏状态，将鼠标放于工作界面右侧工具栏上，单击右键，将"图形属性"勾选，"图形属性"工具栏即出现在菜单栏之下，如图 1-8 所示。操作方法：在设计特征树上选择"零件几何体"，再在相应的窗口中进行设置，也可以选择物体上的某个表面修改相应图形属性。

图 1-8　"图形属性"工具栏

第2章
操作基础

知识要点 ▶▶ ▶

1. 软件的基本设置和基本操作；
2. 功能定制。

能力要求 ▶▶ ▶

1. 能够正确安装、打开软件，掌握软件环境设置与修改的方法，熟练掌握软件的基本操作；
2. 掌握软件工作界面的定制，可以更合理地对工作环境进行设置。

相关知识 ▶▶ ▶

1. 工作台环境的设置、键盘和鼠标、特征树、指南针、文件的保存与打开；
2. 开始菜单定制、用户工作台定制、工具栏定制、命令定制、选项定制。

2.1 基本设置

在使用 CATIA V5 软件之前，可以根据设计要求与使用习惯对工作台环境进行基本设置。操作如下：

（1）在菜单栏"工具"选项中选择"选项"命令，弹出"选项"对话框，对话框左侧以树型结构列出各模块，右侧是各模块对应的设置项目。

（2）显示精度的修改：单击对话框左侧"常规"下的"显示"模块，在右侧选择"性能"选项卡，向右拉动"3D 精度"和"2D 精度"比例处的滑块，在界面中 3D 物体和 2D 草图的显示精度就会降低，如图 2-1 所示。

（3）背景颜色的修改：单击"选项"对话框左侧"常规"下的"显示"模块，在右侧选择"可视化"选项卡，在"背景"下拉菜单中选择白色，则图形工作区的背景就会变成白色，如图 2-2 所示，通过勾选"渐变颜色背景"可以实现背景渐变的设置。

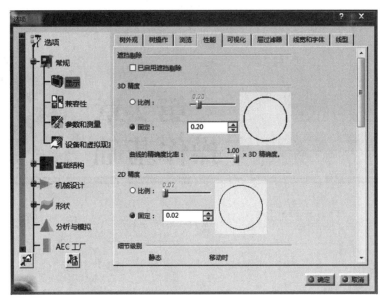

图 2-1　"选项"对话框中显示精度的修改

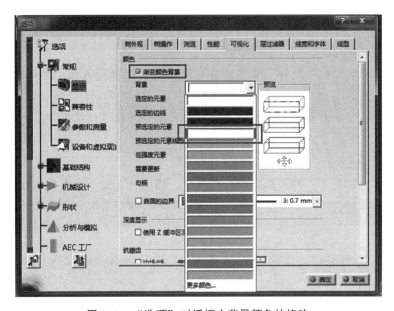

图 2-2　"选项"对话框中背景颜色的修改

　　此外，还可以根据设计需要修改线宽和字体、线型等的设置，其操作步骤与上述相同，初学者可以利用默认设置完成设计工作，无须修改。

2.2　基本操作

　　CATIA V5 软件一般以鼠标操作为主，用键盘输入数值。执行命令时主要是通过鼠标单击工具图标，也可以通过选择下拉菜单或用键盘输入来执行命令。

2.2.1 键盘和鼠标

键盘在使用 CATIA 软件绘图时必不可少，可以显著提升绘图效率。例如有些参数的调整虽然可以通过鼠标单击相应的按钮进行增减设置，但这种方法效率较低，通过键盘直接输入可以快速准确地获得所需要的参数值。还有一些操作如删除等，虽然通过"鼠标右键→弹出快捷菜单→删除"也能进行操作，但是这一过程比较烦琐，远不如直接使用键盘的"Delete"按键删除方便。

CATIA 推荐使用三键鼠标，与其他 CAD 软件类似，CATIA 可提供各种鼠标按钮的组合功能，包括执行命令、选择对象、编辑对象以及对视图和特征树的平移、旋转和缩放等。

CATIA 中常用的键盘和鼠标操作说明如下：

（1）单击鼠标左键，用于选取零件特征、确定点的位置及选择对象、菜单或图标等；

（2）单击鼠标右键，弹出快捷菜单；

（3）单击鼠标中键，当前的光标位置将作为显示中心，拨动滚轮，上下移动特征树；

（4）按住鼠标中键，拖动鼠标，可以进行视图的平移，以便将视图移动到合适的位置；

（5）按住鼠标中键，再单击左键或右键，然后前后拖动鼠标，可以进行视图的缩放；

（6）按住鼠标中键，再按住左键或右键，然后拖动鼠标，可以进行视图的旋转操作；

（7）按住"Ctrl"键，单击鼠标左键，可以同时对多个对象进行选择；

（8）按住"Ctrl"键，再按住鼠标中键，然后前后拖动鼠标，可以进行视图的缩放；

（9）按住鼠标中键，再按住"Ctrl"键，然后拖动鼠标，可以进行视图的旋转操作。

2.2.2 指南针

指南针又称罗盘，是一个重要的工具，一般位于图形区的右上角，它表示的是当前模型的坐标系，如图 2-3 所示。用户可以通过下拉菜单中的"视图"→"指南针"命令切换指南针的显示状态。

图 2-3 指南针

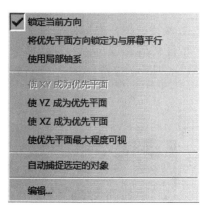

图 2-4 快捷菜单

鼠标左键按住指南针的红色方块对指南针进行拖动，可以将指南针拖动到模型上，建立局部坐标系。鼠标右键单击指南针，会弹出如图 2-4 所示的快捷菜单，在快捷菜单中选择"锁定当前方向"选项，可以锁定用户当前的绘图方向。选择"将优先平面方向锁定为与屏幕平行"选项，可以调整指南针方向与模型的当前视角平行。快捷菜单中的其他选项，用户可以自行演练和熟悉，本部分不再进行说明。

若要将指南针的 Z 轴方向恢复到竖直向上的原始位置，则可按住"Shift"键后释放鼠标左键，或将罗盘拖到工作区域右下角的绝对参考轴上释放鼠标左键，指南针将自动回到原始位置，并恢复原始方向。

2.2.3 特征树

特征树以树状层次结构显示图形的组织结构，某三维零件及其特征树如图 2-5 所示。特征树除了显示基本的坐标平面外，主要显示图形创建相关特征的过程顺序和层次结构。特征树中带有符号⊕的结点还有下一层结点，单击结点前的⊕符号可以展开下一层结构，此时符号⊕变成符号⊖，单击结点前的符号⊖，展开的下一层结构收起，符号⊖重新恢复为符号⊕。

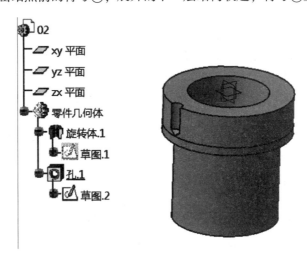

图 2-5 三维零件和特征树

从图 2-5 所示 02 零件的特征树可以看出，零件设计的基本平面为 "xy 平面" "yz 平面" 和 "zx 平面"，此零件是使用 "旋转体" 和 "孔" 两个命令生成的，在这两个命令下，分别有对应草图，在草图中包含了所有的轮廓特征。特征树是用来记录用户创建物体的过程的，包含零件设计的所有信息，说明了物体从上向下的构建过程。若想对命令进行修改，则可以在特征树上直接双击。

选择菜单中的 "视图" → "特征树" 选项，可以显示或隐藏特征树，也可使用快捷键 "F3"。将光标指向特征树的结点连线，按住左键，即可拖动特征树到指定位置。将光标指向特征树的结点连线，按住 "Ctrl" 键和左键，前后移动鼠标，即可对特征树进行缩放操作。

2.2.4 文件

文件的操作包括新建文件、打开文件、保存文件和退出文件。

1）新建文件

选择菜单中的 "文件" — "新建" 选项，将弹出确定新文件类型的 "新建" 对话框，如图 2-6 所示。例如选择 "Part"，单击 "确定" 按钮，在随后弹出的 "新零件" 对话框中输入新零件的名字，即可建立一个新文件，并且进入零件设计工作台。零件设计工作台保存的文件类型为 Part，装配设计工作台保存的文件类型为 Product，工程制图工作台保

图 2-6 "新建" 对话框

存的文件类型为 Drawing。

2）打开文件

选择菜单中的"文件"—"打开"选项，将弹出"文件选择"对话框，选择一个已有的文件，单击"打开"按钮，即可打开该文件，并且进入相应的工作台，也可以对文件进行双击以便快速打开文件。

3）保存文件

如果文件已经命名，则选择菜单"文件"—"保存"即可对该文件进行保存。如果文件尚未命名，则选择菜单"文件"—"保存"，将会弹出"另存为"对话框，在对话框中输入文件名后单击"保存"按钮即可对该文件进行保存。如果想以其他名称保存文件，则选择菜单中的"文件"—"另存为"选项，在弹出"另存为"对话框的"文件名（N）"处输入新文件名，并在"保存类型（T）"处选择合适的文件类型，单击"保存"即可产生新文件名对应的相应类型的文件。CATIA V5 不接受中文命名的文件名，建议用数字或英文字母为文件名。

4）退出文件

在保存完毕后，可以直接进行退出。单击绘图区右上方的 ▆▆▆ 按钮，可以直接关闭已经保存的文件。如果文件进行修改后没有保存，则单击 ▆▆▆ 按钮后会弹出"退出"对话框，并提示"是否要保存所作更改＊？"，如图 2-7 所示，其中"＊"为对应的文件名。单击"是（Y）"，退出文件并保存对文件的修改；单击"否（N）"，只退出文件但不保存对文件的修改；单击"取消"则重新进入文件相应的模块，不进行退出文件的操作。

图 2-7 "退出"对话框

2.3 功能定制

本部分主要介绍 CATIA V5 中的功能定制，读者掌握软件工作界面的定制，可以更合理地对工作环境进行设置。

2.3.1 开始菜单定制

进入 CATIA 软件后，在建模环境下选择下拉菜单"工具"—"自定义..."，会弹出如图 2-8 所示的"自定义"对话框。在"自定义"对话框中单击"开始菜单"选项卡，即可进行"开始菜单"的定制。通过此选项卡，用户可以根据使用偏好设置工作台列表，使之显示在"开始"菜单的顶部。本部分以图 2-9 所示"开始菜单"选项卡中的"2D Layout for 3D Design"工作台为例说明定制过程。

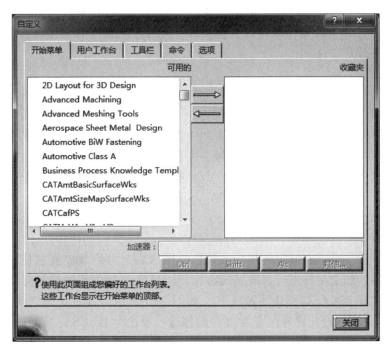

图 2-8 "自定义"对话框

在"开始菜单"选项卡"可用的"列表中，选择"2D Layout for 3D Design"工作台，然后单击对话框中的 ⟶ 按钮，此时"2D Layout for 3D Design"工作台出现在对话框右侧的"收藏夹"中。单击对话框中的"关闭"按钮，完成"开始"菜单的定制。

选择下拉菜单"开始"命令，此时可以看到"2D Layout for 3D Design"工作台显示在"开始"菜单的顶部，如图 2-9 所示。

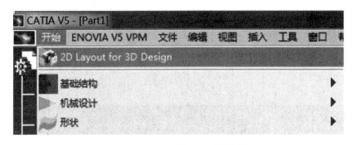

图 2-9 "开始"下拉菜单

需要进行说明的是，在添加"2D Layout for 3D Design"工作台到收藏夹后，对话框中的"加速器"文本框即被激活，如图 2-10 所示。此时用户可以通过设置快捷键来实现工作台的切换，如设置快捷键为"Ctrl"+"Shift"，则用户在其他工作台操作时，只需使用这个快捷键即可回到"2D Layout for 3D Design"工作台。

图 2-10 "加速器"被激活

2.3.2 用户工作台定制

用户工作台是用户根据自身的需要创建的工作台，在此工作台中可以进行相关工具栏的定制，工作台的创建可以帮助用户方便、快捷地实现特定功能。

在如图 2-8 所示的"自定义"对话框中选择"用户工作台"选项卡，即可进入用户工作台的定制，如图 2-11 所示。单击"新建…"按钮，弹出如图 2-12 所示的"新用户工作台"对话框。如果想要退出用户工作台的定制，可以单击对话框中的"取消"按钮退出"新用户工作台"对话框。在对话框的"工作台名称"文本框中输入用户自定义的工作台名称，如"个人工作台"。单击对话框中的"确定"按钮，此时新建的工作台出现在"用户工作台"区域中。单击对话框中的"关闭"按钮，完成用户工作台的定制。

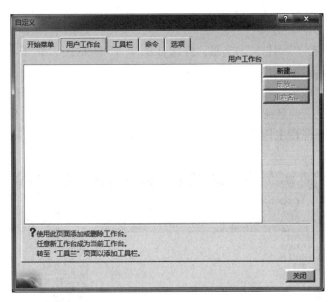

图 2-11 "用户工作台"选项卡

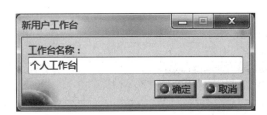

图 2-12 "新用户工作台"对话框

选择"开始"下拉菜单,此时"个人工作台"选项将显示在"开始"菜单中,如图 2-13 所示。

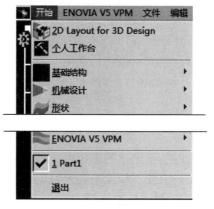

图 2-13   "开始"下拉菜单

2.3.3   工具栏定制

工具栏是一组可实现同类型功能的命令按钮的集合,通过工具栏的定制既可实现现有工具栏的删除、恢复操作,也可对新建的工具栏进行编辑,使之包含所需的命令按钮。

在图 2-8 所示的"自定义"对话框中选择"工具栏"选项卡,即可进行工具栏的定制,如图 2-14 所示。单击"新建…"按钮,弹出如图 2-15 所示的"新工具栏"对话框,默认的工具栏名称为"自定义已创建默认工具栏名称 001"。如果想要退出工具栏的定制,则可以单击对话框中的"取消"按钮退出"新工具栏"对话框。在对话框的"工具栏名称"文本框中输入用户自定义的名称,如"toolbar01"。单击对话框中的"确定"按钮,此时,新建的空白工具栏将出现在主应用程序窗口的右端,同时定制的"toolbar01"被加入列表中,如图 2-16 所示。

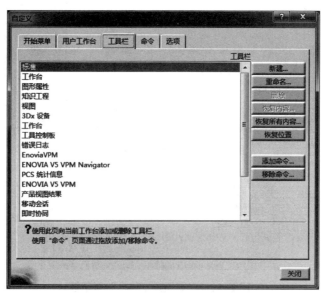

图 2-14   "工具栏"选项卡

图2-15 "新工具栏"对话框

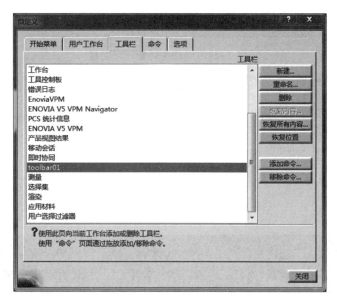

图2-16 "自定义"对话框

需要进行说明的是，在定制的"toolbar01"加入列表后，"自定义"对话框中的"删除"按钮被激活，此时可以执行工具栏的删除操作。

在"自定义"对话框中选中"toolbar01"工具栏，单击"添加命令..."按钮，弹出"命令列表"对话框，如图2-17所示。在对话框的列表项中，按住"Ctrl"键，选择"虚拟现实"光标、"虚拟现实"监视器和"虚拟现实"视图追踪三个选项，然后单击"确定"按钮，即可完成命令的添加，此时"toolbar01"工具栏如图2-18所示。

图 2-17　"命令列表"对话框

添加命令前

添加命令前

图 2-18　"toolbar01"工具栏

　　需要说明的是，在图 2-16 所示的"自定义"对话框中单击"重命名…"按钮，将弹出"重命名工具栏"对话框，如图 2-19 所示，在此对话框中可以修改工具栏的名称。

　　如果在图 2-16 所示的"自定义"对话框中单击"移除命令…"按钮，可以在后续弹出的"命令列表"对话框中进行命令的删除操作。

　　单击"恢复所有内容…"按钮，在后续弹出的"恢复所有工具栏"对话框中单击"确定"按钮，可以恢复所有工具栏的内容。

　　单击"恢复位置"按钮，在后续弹出的"恢复所有工具栏"对话框中单击"确定"按钮，可以恢复所有工具栏的位置。

图2-19　"重命名工具栏"对话框

2.3.4　命令定制

命令的定制实际上就是命令的施放操作，一般都是在工具栏中进行的，其作用是帮助用户快速地使用命令，节省命令操作的时间。

在图2-8所示的"自定义"对话框中选择"命令"选项卡，即可进行命令的定制，如图2-20所示。本部分将以施放"视图"的"＊右"命令到"标准"工具栏为例说明定制过程。

在图2-20所示对话框的"类别"列表中选择"视图"选项，此时在对话框右侧的"命令"列表中出现对应的文件命令。在文件命令列表中用鼠标左键选中"＊右"命令，按着鼠标左键不放，将此命令拖放到"标准"工具栏，此时"标准"工具栏新增了"＊右"命令，如图2-21所示。如果想要在"标准"工具栏中删除刚刚加入的"＊右"命令，则把鼠标放在"标准"工具栏中的"＊右"命令之上，按着鼠标左键不放，将其重新拖放到"命令"列表即可。

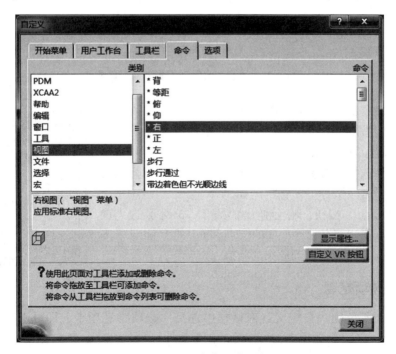

图2-20　"命令"选项卡

拖放前

拖放后

图 2-21　"标准"工具栏

需要进行说明的是，单击如图 2-20 所示对话框中的"显示属性…"按钮，可以展开对话框的隐藏部分，如图 2-22 所示。在对话框的"命令属性"区域，可以更改所选命令的属性，如名称、图标、命令的快捷方式等。

图 2-22　"自定义"对话框的隐藏部分

下面对"命令属性"区域中的按钮进行说明：

单击"…"按钮，将会弹出"图标浏览器"对话框，从中可以选择新图标以替换原有的"＊右"图标。

单击"文件选择"按钮，将会弹出"文件选择"对话框，用户可导入外部文件作为"＊右"图标。

单击"重置…"按钮，将会弹出如图 2-23 所示的"重置"对话框，点选"当前命令"，单击对话框中的"确定"按钮，可将"命令属性"恢复到原来的状态。

图 2-23　"重置"对话框

2.3.5　选项定制

在如图 2-8 所示的"自定义"对话框中选择"选项"选项卡，即可进行选项的定制，如图 2-24 所示。通过此选项卡，可以更改图标大小、图标比率、工具提示、用户界面语言等。需要进行说明的是，在此选项卡中，除了"□锁定工具栏位置"复选框外，更改其余选项均需要重新启动 CATIA V5 软件才能使更改生效。

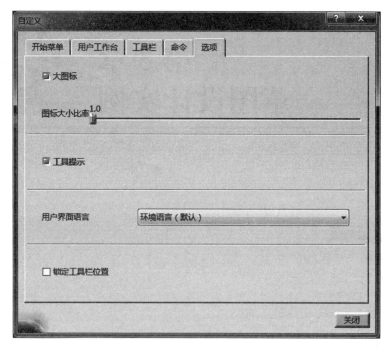

图 2-24 "自定义"中的"选项"选项卡

第 3 章
草图设计实例

🎯 **知识要点** ▶▶ ▶

1. 草图编辑器工作台；
2. 草图工具；
3. 草图约束。

🎯 **能力要求** ▶▶ ▶

1. 熟悉工作台工作界面，掌握工作台的进入和退出；
2. 掌握草图工具的使用方法；
3. 掌握草图约束的方法和工具使用方法。

🎯 **相关知识** ▶▶ ▶

1. 草图工作台界面布置、进入和退出及草图工具栏；
2. 草图工具栏、轮廓工具栏、操作工具栏；
3. 尺寸约束、几何约束、创建约束。

基于草图的三维零件设计总体思路是先选择草图平面，在草图平面上绘制草图轮廓，再利用一些特征命令，例如"拉伸""凹槽""旋转"等，使平面轮廓生成三维零件实体。其设计流程如下：

（1）首先选择一个草图工作面，单击"草图"命令 ⊿ 进入到草图编辑器工作台。

（2）利用如图 3-1 所示的"轮廓"命令绘制草图轮廓，并利用如图 3-2 所示的"操作"命令和如图 3-3 所示的"约束"命令对所绘制的草图进行编辑修改并施加尺寸及几何约束。

（3）单击"退出工作台"按钮 凸 ，回到零件设计工作台。

（4）选择合适的特征命令，如图 3-4 所示，生成三维零件实体。

CATIA 软件基于草图的三维零件设计流程如图 3-5 所示。

图 3-1　"轮廓"命令栏

图 3-2　"操作"命令栏

图 3-3　"约束"命令栏

图 3-4　"特征"命令栏

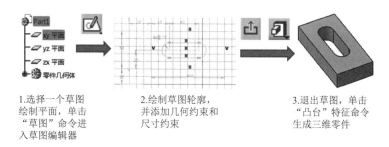

1.选择一个草图
绘制平面,单击
"草图"命令进
入草图编辑器

2.绘制草图轮廓,
并添加几何约束和
尺寸约束

3.退出草图,单击
"凸台"特征命令
生成三维零件

图 3-5　基于草图的三维零件设计流程

3.1　进入草图编辑器工作台

草图编辑器工作台在零件设计模块中,如图 3-6 所示,进入草图编辑器工作的方法如下:

(1)单击菜单栏中的"开始"命令,选择"机械设计"—"草图编辑器",再单击想要绘制草图的平面(可以是 xy、yz、zx 平面其中之一,或者是已有零件的任意面)之后,进入草图编辑器工作界面,在右侧的工具栏上端显示 图标,表示现在处于草图编辑器工作台,当进入其他工作台时,显示的图标会发生相应改变。

(2)在零件设计界面中,利用鼠标左键双击特征树中的草图图标,也可进入草图编辑器工作界面,编辑修改当前的草图。

(3)在零件设计界面中,利用鼠标右键单击结构树中的草图图标,在弹出的菜单中选择草图对象或"编辑"命令,也可进入草图编辑器工作界面,编辑修改当前的草图。

(4)在零件设计界面中单击工作界面右侧的工具栏,选择草图工具栏中的"草图"命令 ,再单击想要绘制草图的平面之后,便进入草图编辑器工作界面,"定位草图"命令 多用于自上而下的设计方法中,选择任意想绘制草图的平面,通过选择对话框中的原点和方向即可建立新的草图坐标系,如图 3-7 所示。

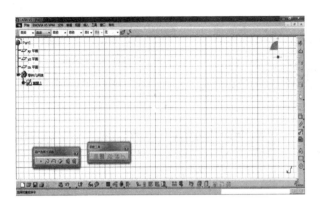

图 3-6　草图编辑器工作台　　　　　　　图 3-7　"定位草图"对话框

3.2　草图编辑器主要工具介绍

在使用草图编辑器进行草图绘制时，常用到的工具栏主要包括草图工具栏、轮廓工具栏和操作工具栏，如图 3-8 所示。

图 3-8　草图编辑器常用工具栏

3.2.1　草图工具栏

草图编辑器工作台中的草图工具栏是草图绘制的辅助工具，包括"网格""点捕捉""构造元素与标准元素""几何约束"和"尺寸约束"五个命令，如图 3-9 所示。单击每个命令的图标，可以在激活和关闭状态之间进行切换，橘色表示激活状态。

图 3-9　草图工具栏

1）网格

激活此命令时，在工作区域显示水平方向和竖直方向间距为 10 cm 的网格，网格间距可

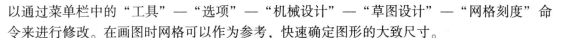

以通过菜单栏中的"工具"—"选项"—"机械设计"—"草图设计"—"网格刻度"命令来进行修改。在画图时网格可以作为参考，快速确定图形的大致尺寸。

2）点捕捉

激活此命令时，无论网格是否显示，绘制草图光标会自动捕捉网格的焦点。一般情况下不激活此命令，以方便选择任意位置进行草图绘制。

3）构造元素与标准元素

生成三维立体零件的草图轮廓线为标准元素，用实线表示，但在设计过程中有时也会构建一些构造元素辅助绘制草图轮廓线，构造元素不会对特征命令的轮廓线产生任何影响，用虚线表示，如图3-10所示。系统默认的是在标准元素下以实线方式绘制标准元素，当需要绘制构造元素时，单击此命令激活即可。

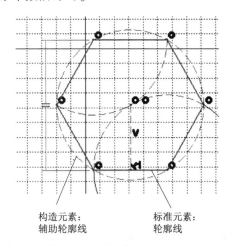

图3-10　构造元素（虚线）与标准元素（实线）

4）几何约束

激活此命令时，在绘制草图过程中系统将对图形元素自动施加永久的几何约束来限制它们的位置或方向，并在元素旁边添加相应的约束符号，如图3-11所示。激活几何约束命令，可以利用已有图形元素，自动地建立起与其有相切、平行、垂直、同心、相合等常见的几何约束关系，提高绘制草图的准确度。建议在绘图中将此命令激活。

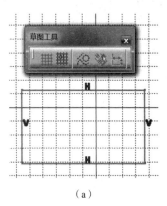 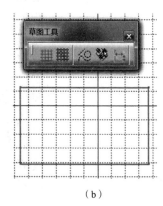

（a）　　　　　　　　　　　　　　　　（b）

图3-11　几何约束

（a）激活几何约束时画出的矩形；（b）未激活几何约束时画出的矩形

5）尺寸约束

当激活此命令，利用绘图命令绘图时，可在数值框内输入相应的数值，系统将自动添加相应的尺寸以约束图形的大小和位置，如图 3-12 所示。建议在绘图中将此命令激活。

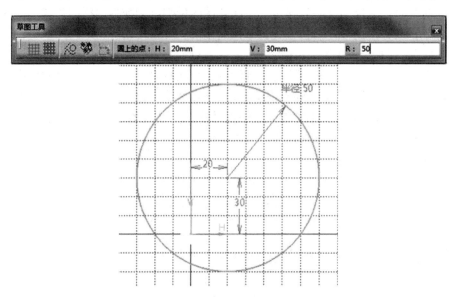

图 3-12　激活尺寸约束

3.2.2　轮廓工具栏

"轮廓"工具栏用于创建二维草图的轮廓，提供了包括"绘制点""线条""圆形""矩形""椭圆""中心线""轮廓"等工具，如图 3-13 所示，单击不同的轮廓绘制命令，可根据需要快速地画出草图轮廓。

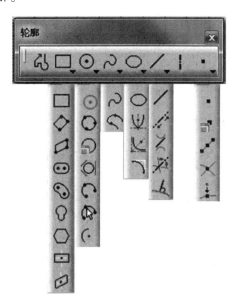

图 3-13　轮廓工具栏

3.2.3　操作工具栏

操作工具栏提供了一组用于在已绘制好的草图轮廓的基础上进行一些修饰命令的操作，例如"圆角""倒角""修剪""镜像""投影"等命令，如图3-14所示。

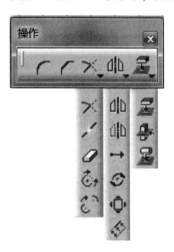

图3-14　"操作"工具栏

1）圆角

使用"圆角"命令可以在两条直线之间、直线与圆弧之间、圆弧与圆弧之间创建圆角。

2）倒角

使用"倒角"命令可以在两条线之间创建倒角。

3）重新限定

单击"操作"工具栏中"修剪"命令右下角的黑三角会弹出"重新限定"子工具栏，它提供了"修剪""断开""快速修剪""封闭"和"补充"等功能，如图3-15所示。

图3-15　"重新限定"工具栏

其中，"修剪"命令用于修剪相交的线段；"断开"命令用于将相交的两条线断开或者将一条直线分成两段；"快速修剪"命令用于断开并删除某段线段；"封闭"命令用于将圆弧封闭为圆；"互补"命令用于画出圆弧的互补弧。

4）变换

单击操作工具栏中"镜像"命令右下角的黑三角会弹出"变换"子工具栏，它提供了"镜像""对称""移动""旋转""缩放"和"偏移"等功能，如图3-16所示。

图3-16　"变换"子工具栏

其中，"镜像"和"对称"这2个命令都是将原有图形以一条对称线作镜像或对称，镜像与对称的操作方法一样，区别在于镜像是复制后保留原图形，但对称不保留原图形；"平移""旋转"和"缩放"这3个命令可以使图形进行平移、旋转和缩放；"偏移"命令可以对已有直线、曲线或平面图形进行偏移复制；"3D几何图形"命令提供了投影3D元素、与3D元素相交、投影3D轮廓边线3个子功能，单击"操作"工具栏中"投影3D元素"命令右下角的黑三角会弹出"3D几何图形"子工具栏，这三个命令用于将立体图形表面上的点、线、面等图形元素投射到指定的草图平面上，形成新的轮廓。

3.3 草图约束

在草图工作台绘制好草图轮廓后，需要添加相应的约束才能正确地表示图形轮廓的大小和相对位置，草图约束包括尺寸约束和几何约束。

3.3.1 尺寸约束和几何约束的定义

1）尺寸约束

尺寸约束是利用尺寸大小对图形的轮廓和相对位置进行约束的，其中确定图形元素大小的叫作定形尺寸，例如圆的直径、矩形的长宽等；确定图形元素之间相对位置的叫作定位尺寸，例如圆心与原点的距离等。

定位尺寸的起点称为尺寸基准。平面图形中有水平和垂直两个方向，每个方向至少应有一个基准，也可同时有几个基准，其中一个基准为主要基准，其他基准称为辅助基准。H 轴和 V 轴是系统默认的两个基准轴，两轴交点为原点。

2）几何约束

几何约束是利用几何关系对图形的轮廓和相对位置进行约束的，平面图形中的几何约束有相合约束、水平约束、竖直约束、平行约束、垂直约束、相切约束和同心约束等。如果对绘制的轮廓只施加尺寸约束而不施加几何约束，则移动轮廓，其形状和位置都会发生变化，只有两种约束都施加后，所绘草图才能定形和定位。

对平面图形的尺寸约束既不能多也不能少，少了称为欠约束，图形的形状和位置不固定，在工作界面草图轮廓线显示为白色；多了称为过约束，即有约束重复，在工作界面草图轮廓显示为红色，过约束的草图不能利用特征命令生成零件。只有在尺寸约束和几何约束合适时，才能得到正确的图形，在工作界面轮廓线显示为绿色，可以正常使用"特征"命令生成零件。

3.3.2 尺寸约束和几何约束的创建过程

1）创建尺寸约束

使用"草图工具"创建尺寸约束。进入"草图编辑器"工作台后，激活"草图工具"栏尺寸"约束"选项 ⊡ 。在创建草图的过程中，在"草图工具"栏出现尺寸约束的数值框中输入所需数值，按"Enter"键即可，如图 3-17 所示。绘制一个矩形，可在"草图工具"栏的"宽度"和"高度"栏中输入 80 mm 和 50 mm 进行尺寸约束。

图 3-17 草图工具创建几何约束

此外，还可利用约束工具栏中的"约束"命令 ⊡ ，如图 3-18 所示，对已经绘制完成的几何图形的轮廓尺寸进行标注与修改，具体操作如下：

图 3-18　约束工具栏

单击"约束"命令，选择一个要约束的几何元素，会出现几何元素的大小尺寸，再单击鼠标，标出此尺寸，双击此尺寸出现"约束定义"对话框，可在对话框中修改尺寸的大小，如图 3-19 所示。如果选中两个几何元素，则可以标出两元素之间的距离或角度等相对位置的尺寸，如图 3-20 所示。双击尺寸数字，可以在弹出的对话框中对尺寸数值进行修改。

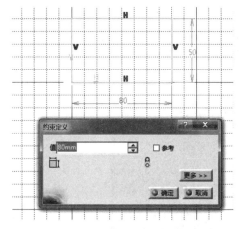

图 3-19　"约束定义"对话框

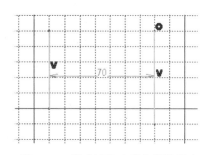

图 3-20　约束两条直线之间的距离

2）创建几何约束

使用草图工具创建几何约束。进入草图编辑器工作台后，激活"草图"工具栏"尺寸约束"选项图标 ，在创建草图过程中，会自动生成检测到的几何约束，并在图形元素旁显示相应的几何约束符号。几何约束与尺寸约束一般是同时处在激活状态。

此外，还可利用约束工具栏中的"约束定义"命令 ，如图 3-18 所示，对已经绘制完成的几何图形的几何尺寸和约束尺寸进行标注与修改，系统会根据用户选择的图形元素自动进行分析，以决定可以创建的约束类型，如图 3-21 所示。

用于单个元素约束的类型有长度、半径/直径、半长轴、固定、水平、垂直。

用于两个元素之间约束的类型有距离、中点、相合、同心度、相切、平行、垂直。

用于三个选定元素之间的约束类型有对称、等距点。

操作步骤为：先选择约束对象（当选择 2 个或 3 个约束对象

图 3-21　约束类型
的选择

时应按下"Ctrl"键进行连续选择），再单击"约束定义"命令图标 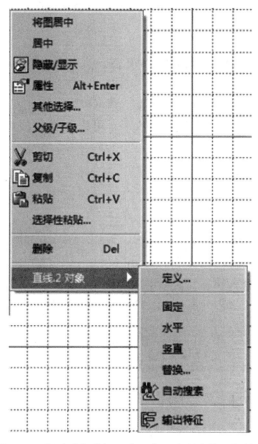，然后在弹出的对话框中选择约束类型，最后单击"确定"按钮。

对于线条可以选中后单击右键，在弹出的对话框中选择对象，可以进行固定、水平或竖直的几何约束，如图 3-22 所示。

图 3-22　通过对象进行固定、水平或竖直的几何约束

3）自动约束和编辑多重约束

"自动约束"命令 可以检测到选定元素之间的所有尺寸约束，并施加这些约束。当使用"自动约束"命令后可以使用"编辑多重约束 "命令对选中的所有尺寸约束进行快速编辑和修改。其操作步骤如图 3-23 所示：

（1）选择"自动约束"命令，出现"自动约束"对话框，根据对话框中的内容选择"约束元素""参考元素"及"约束模式"。

（2）框选需要约束的草图。

（3）单击"确定"按钮完成"自动约束"命令。

（4）单击"编辑多重约束"命令，出现"编辑多重约束"对话框，在对话框中修改尺寸的当前值。

（5）单击"确定"按钮完成"编辑多重约束"命令。

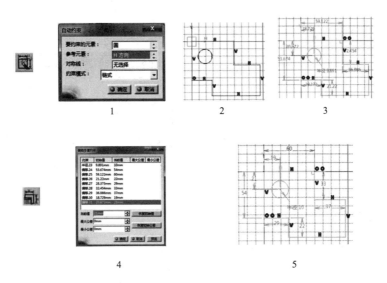

1　　　　　　2　　　　　　3

4　　　　　　5

图 3-23　自动约束和编辑多重约束的步骤

3.4　草图绘制实例

3.4.1　实例 3-1

绘制如图 3-24 所示的二维草图轮廓。

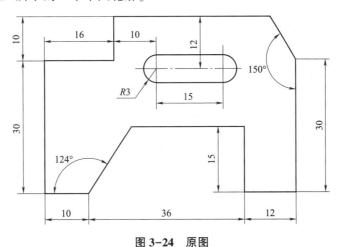

图 3-24　原图

绘制步骤：

（1）可选择该图形左下角为基准点，利用"轮廓"工具栏中的"轮廓"命令 和"延长孔"命令 画出大概的轮廓，如图 3-25 所示。

（2）双击"约束"命令 ，连续标注出轮廓的尺寸，并按原图中所给尺寸数据对标出的尺寸进行修改，双击尺寸，在弹出的对话框中填写新的数值，如图 3-26 所示。

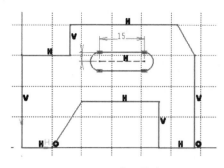

图 3-25　草图轮廓

图 3-26　在"约束定义"对话框中修改尺寸数值

3.4.2　实例3-2

绘制如图 3-27 所示的二维草图轮廓。

绘制步骤：

（1）可选择六边形中心为基准点，单击轮廓工具栏中的"六边形"命令 ⬡，沿 *H* 轴拉出六边形，单击"约束"命令，标注出六边形构造圆直径，并将直径的数值修改成 44 mm，如图 3-28 所示。

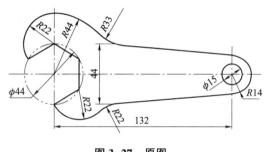

图 3-27　原图

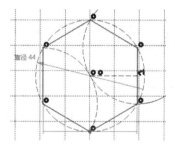

图 3-28　六边形的绘制

（2）利用弧命令 ⌒，分别以 *A*、*B*、*C* 三点为圆心画出三段弧，如图 3-29 所示，注意三段弧要保证连接在一起。

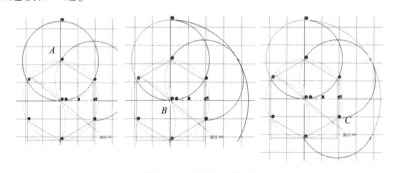

图 3-29　绘制三段弧

（3）单击"直线"命令 ╱，将直线的 *A* 端点置于圆弧上，画至 *B* 点时，与 *R*14 mm 圆相切，标注 *A* 点与 *H* 轴的竖直距离尺寸 22 mm，如图 3-30 所示。注意 *R*14 mm 圆的圆心与 *H* 轴重合。

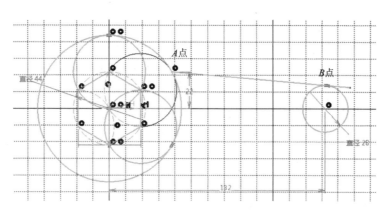

图 3-30 绘制直线

（4）单击"操作"工具栏中的"镜像"命令 ，完成上一步绘制的直线的镜像。

（5）单击"操作"工具栏中的"圆角"命令 ，完成 R22 mm 和 R33 mm 两个相切弧。

（6）双击"操作"工具栏中的"快速修剪"命令 ，将多余的线条修剪掉，如图 3-31 所示。

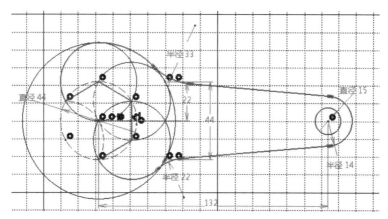

图 3-31 "镜像""圆角""快速修剪"命令

3.4.3 实例 3-3

绘制如图 3-32 所示的二维轮廓。

绘制步骤：

（1）可选择 φ54 mm 的圆心为基准点，单击轮廓工具栏中的"圆"命令 ，在原点处画出圆的轮廓，单击"延长孔"和"圆柱形延长孔"命令，在相对位置绘制出延长孔轮廓，单击"约束"命令，根据图 3-32 所示进行轮廓尺寸标注，如图 3-33 所示。

（2）单击"轮廓"工具栏中的"弧"命令 ，完成 R44 mm（圆心在 A）、R19 mm（圆心在 B）、R24 mm（圆心在 C）和 R85 mm（圆心在 A）的四段弧，单击"直线"命令 ，完成与 R24 mm 弧相切的两条直线，如图 3-34 所示。

（3）双击"圆角"命令 ，完成 2 处 R13 mm 和 1 处 R10 mm 的连接弧，如图 3-35 所示。

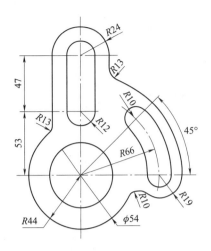

图 3-32　原图

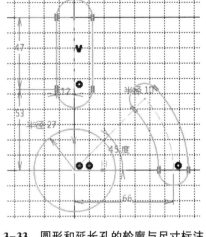

图 3-33　圆形和延长孔的轮廓与尺寸标注

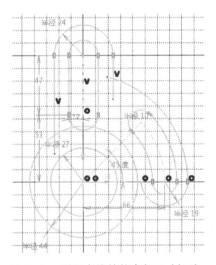

图 3-34　弧和直线的轮廓与尺寸标注

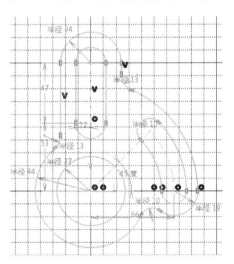

图 3-35　连接圆角的绘制

3.4.4　实例 3-4

绘制如图 3-36 所示的二维草图轮廓。

绘制步骤：

（1）可选择圆心为基准点，单击"轮廓"工具栏中的"圆"命令 ◉，将圆心置于原点，画出 $\phi90$ mm、$\phi160$ mm、$\phi165$ mm 三个圆并将 $\phi165$ mm 变为构造线，将圆心置于 V 轴与 $\phi165$ mm 圆相交处，画出 $\phi17$ mm 和 $R1$ mm 两个圆，并利用"快速修剪"命令将多余的线条删去，如图 3-37 所示。

（2）选择 $\phi17$ mm 圆和 $R17$ mm 弧，单击"旋转"命令 ◉，选择坐标原点为旋转中心，在"旋转定义"对话框中的"实例"窗口中输入 5，勾选"复制模式"和"约束守恒"，在"角度"—"值"窗口中输入 60°，如图 3-38 所示。单击"确定"按钮完成旋转复制，如图 3-39 所示。

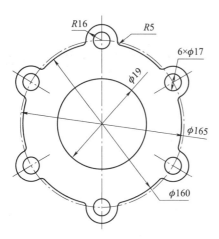

图 3-36 原图

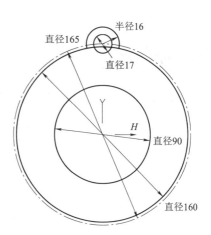

图 3-37 圆形绘制

图 3-38 "旋转定义"对话框

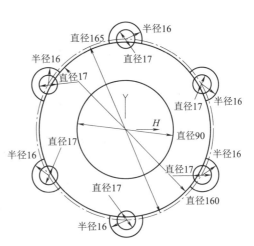

图 3-39 完成旋转复制

（3）双击"快速修剪"命令，修剪掉 ϕ160 mm 和 R16 mm 相交的圆弧，之后框选全部图形，单击"圆角"命令，在圆角半径的"数值框"中输入 5 mm，一次完成 12 处 R5 mm 的倒角，如图 3-40 所示。

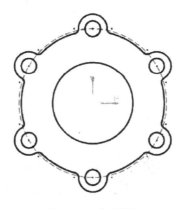

图 3-40 完成倒角

3.5 实战练习

（1）绘制如图 3-41 所示的二维草图轮廓。

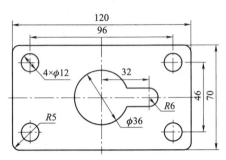

图 3-41 练习（1）原图

（2）绘制如图 3-42 所示的二维草图轮廓。

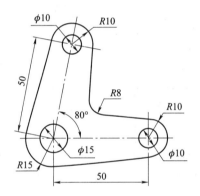

图 3-42 练习（2）原图

（3）绘制如图 3-43 所示的二维草图轮廓。

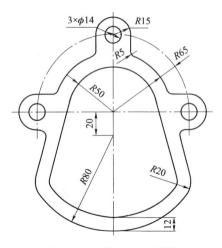

图 3-43 练习（3）原图

（4）绘制如图 3-44 所示的二维草图轮廓。

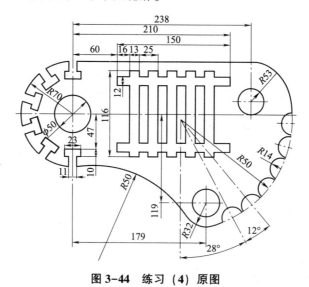

图 3-44 练习（4）原图

第4章
实体特征设计实例

知识要点 ▶▶ ▶

1. 零件设计工作台基本操作和常用命令；
2. 特征创建；
3. 特征编辑。

能力要求 ▶▶ ▶

1. 学会进入零件设计工作台的方法，熟悉零件设计工作台中的常用命令；
2. 掌握特征创建的方法和操作；
3. 掌握特征编辑的方法和操作。

相关知识 ▶▶ ▶

1. 基本特征创建命令、特征修饰与操作命令、特征分析与辅助工具命令；
2. 参考元素的创建，基于草图的建模工具；
3. 修饰特征、变换特征、布尔函数特征。

当平面轮廓绘制完成之后，需要利用一些特征命令，例如"拉伸""凹槽""旋转"等，使平面轮廓生成三维实体。零件设计工作台为用户提供了丰富的实体造型功能，通过对这些功能的运用，实现对三维实体的创建、编辑和排序等操作，最终设计出所需的零件。

零件设计的一般步骤可分为以下4步，流程图如图4-1所示。

（1）分析要设计零件的结构特征，对于要设计零件的基本实体结构及需要添加的特征进行分析。

（2）根据分析结果创建基础三维实体。

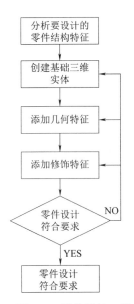

图4-1 零件设计一般步骤流程图

（3）在基础三维实体上添加凹槽、旋转槽、开槽、孔等几何特征，利用平移、镜像阵列等变换特征可以快速添加几何特征。

（4）继续添加倒圆角、倒角、拔模等修饰特征。

图 4-2 所示为以法兰盘为例的零件设计步骤。

（a） （b） （c）

图 4-2 法兰盘设计步骤

（a）利用"拉伸"命令生成基础三维实体；
（b）利用"打孔""凹槽""环形阵列"命令在基础三维实体的基础上生成几何特征；
（c）利用"倒圆角"命令生成修饰特征，最终完成法兰盘零件设计

4.1 进入零件设计工作台

进入零件设计工作台的方法主要有以下两种：

1）通过新建零件进入

在菜单栏中单击选择"文件—新建"，在弹出"新建"对话框的"类型"列表中选择"Part"，如图 4-3 所示，单击"确定"按钮，出现"新建零件"对话框，单击"确定"按钮，进入零件设计工作台。

2）通过选择零件设计工作台进入

在菜单栏中依次选择"文件"—"新建"—"机械设计"—"零件设计"，进入零件设计工作台，在弹出的"新建零件"对话框中输入零件名称（名称可以为中文），如图 4-4 所示。其中"启用混合设计"是指在创建三维模型的过程中，可以在几何体中插入线框和曲面元素，"创建几何图形集"是指在进入零件设计工作台后自动创建几何图形集，"创建有序集合图形集"是指在进入零件设计工作台后自动创建有序几何图形集。一般情况下勾选"启用混合设计"即可。

图 4-3 "新建"对话框

图 4-4 "新建零件"对话框

进入零件设计工作台后，可以通过命令栏最上方的图标判断此时进入的工作台是否为零件设计工作台，图标为 ◎，如图4-5所示。

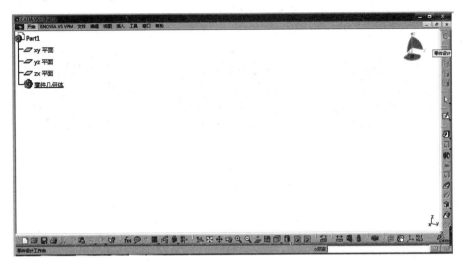

图4-5　零件设计工作台

4.2　参考元素

CATIA V5中的参考元素包括点、线、平面等基本几何元素，这些参考元素可作为其他几何体构建时的参照物，在创建零件的一般特征、曲面、零件的剖切面及装配中起着非常重要的作用。"参考元素"的命令按钮集中在"参考元素"工具栏中，如图4-6所示。

图4-6　"参考元素"工具栏

4.2.1　创建参考点

单击"参考元素"工具栏中的"点"按钮 ▪，系统弹出如图4-7所示的"点定义"对话框。从"点类型"下拉列表框中选择创建点的类型，这些类型分别是"坐标""曲线上""平面上""曲面上""圆/球面/椭圆中心""曲线上的切线""之间"。

图4-7　"点定义"对话框

1）通过坐标创建点

在"点定义"对话框的"点类型"下拉列表框中选择"坐标"选项，在"X""Y""Z"微调框中输入点的坐标值，也可以单击"X""Y""Z"微调框右侧的 ⬆ 按钮，对坐标值进行增减微调操作。单击"参考"选项组中的"点"文本框，选择参考点定义相对坐标，单击"确定"按钮完成参考点的创建。

2）创建曲线上的点

在"点定义"对话框的"点类型"下拉列表框中选择"曲线上"选项，如图4-8所示。单击"曲线"文本框内部使其高亮显示，从绘图区选择创建的点所在的曲线，如"草图2"。从"与参考点的距离"选项组中定义曲线上点的位置，如选择"曲线长度比率"单选按钮，在"比率"微调框中输入"0.5"，单击"确定"按钮，则在所选择的"草图2"曲线的0.5比率处创建一个参考点。其他选项的功能用户可以自行操作和尝试，本部分不再重复。

对于"平面上""曲面上""圆/球面/椭圆中心""曲线上的切线""之间"点类型的定义，本部分在此也不再进行单独的介绍，用户可以自行尝试，了解其功能和特点。

4.2.2 创建参考线

图4-8 创建曲线上的点

单击如图4-6所示"参考元素"工具栏中的"创建线"命令 ╱，弹出如图4-9所示的"线定义"对话框，在"线型"窗口中有六种创建线的方式，即"点-点""点-方向""曲线的角度/法线""曲线的切线""曲面的法线""角平分线"，可根据需要选择合适的创建线的方式。

图4-9 "直线定义"对话框

下面以曲面的法线为例，介绍建立参考线的方法。

在"直线定义"对话框"线型"窗口中选择"曲面的法线"，出现如图4-10所示对话框，然后顺次选择曲面、参考点，参考点可以选择已有点，也可以在曲面上或者曲面外创建点，可以通过设置法线的长度和改变法线的方向最终生成与曲面垂直的参考线。

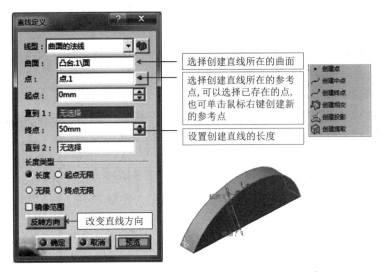

图 4-10　在曲线上创建点

对于其他线型的定义，本部分在此不再进行单独的介绍，用户可以自行尝试，了解其功能和特点。

4.2.3　创建参考平面

单击如图 4-6 所示的"参考元素"工具栏中的"创建面"命令 ▱，弹出如图 4-11 所示的"面定义"对话框，在平面类型窗口中有 11 种创建线的方式，即"偏移平面""平行通过点""与平面成一定角度或垂直""通过三个点""通过两条直线""通过点和直线""通过平面曲线""曲线的法线""曲面的切线""方程式""平均通过点"，可根据需要选择合适的创建平面的方式。

下面以作与某一平面平行的平面为例，介绍建立参考平面的方法。

图 4-11　"平面定义"对话框

可通过选择"偏移平面"的方式创建与某一平面平行的平面。具体操作如下：如图 4-12 所示，在"平面定义"对话框中选择"偏移平面"，选择已有的面或者创建新的平面作为参考平面，定义偏移距离，可以通过反转方向调整偏移平面与参考平面的相对位置，若要创建更多的偏移平面，则勾选"确定后重复对象"，再单击"确定"按钮后会出现"复制对象"对话框，在"实例"窗口输入要生成平面的个数，单击"确定"按钮即可生成若干个平面。

对于其他平面类型的定义，本部分在此不再进行单独的介绍，用户可以自行尝试，了解其功能和特点。

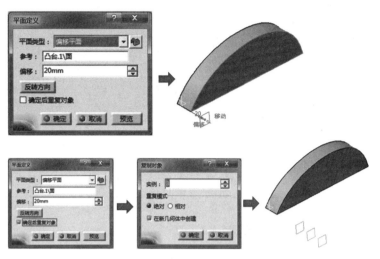

图 4-12　偏移平面操作

4.3　零件设计工作台主要工具介绍

　　在零件设计中主要使用到的工具栏包括基于草图的特征工具栏、变换特征工具栏、修饰特征工具栏和布尔函数工具栏，在四类工具栏中的常用命令如表 4-1 所示，在后面内容中分别加以介绍。

表 4-1　零件设计工作台中常用的命令

基于草图的特征工具栏		变换特征工具栏		修饰特征工具栏		布尔函数工具栏	
	拉伸		移动		棱边倒圆		组合
	带拔模角及倒圆的拉伸体		旋转		变半径倒圆		相加
	多轮廓拉伸体		镜像		面—面倒圆		相减
	凹坑		对称		三面切圆		求交
	带拔模角及倒圆的凹坑		矩形图样		倒角		联合加减
	多轮廓凹坑		环形图样		拔模		移走独立块
	回转体		用户定义图样		根据反射线拔模		
	回转槽		比例缩放		变角度拔模		
	孔				抽壳		

基于草图的特征工具栏		变换特征工具栏	修饰特征工具栏		布尔函数工具栏
	肋			长厚度	
	槽			螺纹	
	加强筋				
	放样体				
	移走放样体				

4.3.1 基于草图的特征工具栏

基于草图的特征工具栏中共有 15 个命令，如图 4-13 所示，当首次进入零件设计工作台时，只有凸台（添料拉伸）、旋转体、肋（扫掠）、实体混合、肋（添料扫掠）、多截面实体（放样）6 个命令高亮显示，即处于激活状态，其余 10 个命令并未激活，说明应首先利用这 6 个命令生成三维实体，在此基础上使用凹槽（除料拉伸）、旋转槽（除料旋转）、孔、开槽（除料扫掠）、已移除的多截面实体（除料放样）、拔模圆角凸台、多凸台、拔模圆角凹槽、多凹槽 9 个命令修改三维实体。

图 4-13 基于草图的特征工具栏

1）凸台（添料拉伸）

该功能是将一个闭合的平面曲线沿着一个方向或同时沿相反的两个方向拉伸（Pad）而形成的形体，它是最常用的一个命令，也是最基本的生成形体的方法。填料拉伸可生成三种凸台：凸台、拔模圆角凸台和多凸台。

操作步骤如下：在草图设计模块绘制闭合的平面草图，单击右侧工具栏中"退出工具栏"命令，切换到零件设计工作台中，单击"凸台"命令，会弹出"定义凸台"对话框，通过设置相关参数、拉伸类型、拉伸方向等对拉伸特征进行定义，完成后单击"确定"按钮，如图 4-14 所示。

（1）凸台拉伸类型共有五种，即"尺寸""直到下一个""直到最后""直到平面""直到曲面"，五种类型的结构如图 4-15 所示，可根据实际需要选择不同的类型。

（2）进行对称拉伸时将对话框中的"镜像范围"勾选即可，进行非对称拉伸时单击

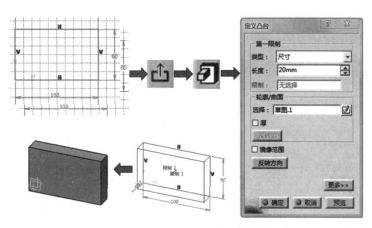

图 4-14 拉伸凸台操作过程

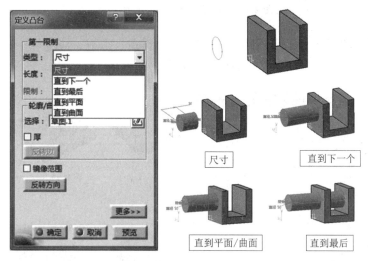

图 4-15 凸台拉伸的类型

"更多",弹出如图 4-16 所示对话框,可以在"第二限制"下的"长度"框格中输入需要拉伸的长度(长度也可以为负值),设置完成后单击"确定"按钮。

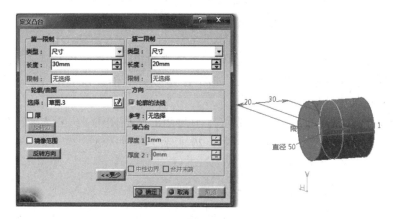

图 4-16 非对称凸台拉伸

（3）凸台拉伸特征的默认方向为草图轮廓的法线方向，可通过"反转方向"命令进行调整；如果需要指定拉伸方向，则可通过指定导向线或者定向面实现，如图 4-17 所示。

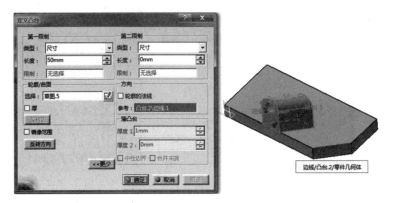

图 4-17　指定拉伸方向的凸台拉伸

（4）"拔模圆角凸台"命令用在绘制需要经过铸造、锻造、注塑等工艺形成的零件时，需要设置拔模角度（起模角度）、铸造圆角等要素，如图 4-18 所示。

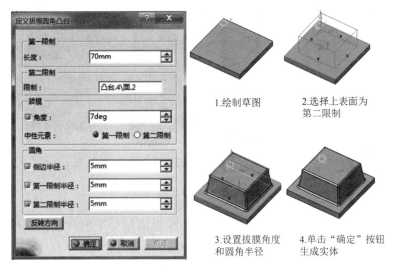

图 4-18　拔模圆角凸台的操作

（5）"多凸台"命令可以把一个草图中多个独立的封闭轮廓分别拉伸不同的高度，这样就可以一次性完成多个轮廓的拉伸操作，如图 4-19 所示，需要说明的是，在草图中，每一个独立轮廓在对话框中均叫作拉伸域。

（6）对于开放轮廓（直线、曲线或首尾不封闭的平面图形），可选择"定义凸台"对话框中的"厚"选项设置生成实体，如图 4-20 所示。

图4-19　多凸台操作

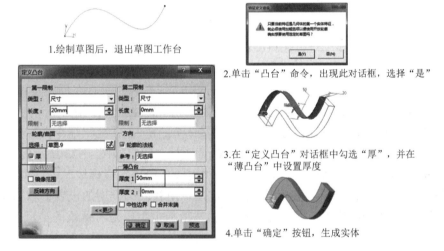

图4-20　开放轮廓生成实体的操作

2）凹槽（除料拉伸）🔲

"凹槽"命令和"凸台"命令都属于拉伸构型，其操作步骤完全相同，所不同的是凹槽是在已经生成的实体上进行除料拉伸，除料拉伸的尺寸叫作深度尺寸，具体操作可参考凸台操作。

3）旋转体🔩

该特征命令是将一条闭合的平面曲线绕一条轴线旋转一定角度而形成实体。平面曲线和轴线是在草图设计工作台绘制的。如果非闭合曲线的首、尾两点在轴线或轴线的延长线上，也能生成旋转形体。注意曲线不能自相交或与轴线相交。

具体操作如下：首先绘制草图并退出草图工作台，单击"旋转体"命令，出现"定义旋转体"对话框，设置旋转体角度并选择旋转轴线，单击"确定"按钮即可生成旋转体，如图4-21所示。

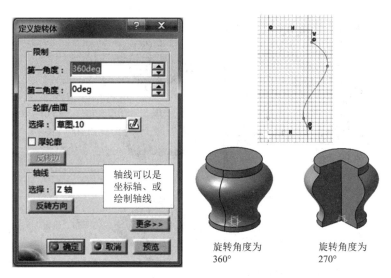

图 4-21　旋转体命令操作

4）旋转槽（除料旋转）

"旋转槽"命令和"旋转体"命令都属于旋转构型，其操作步骤完全相同，所不同的是旋转槽是在已经生成的实体上进行除料旋转，具体操作可参考旋转体操作。

5）孔

"孔"命令是通过去除材料的方式获得孔的结构特征，因此只有在创建实体后，"孔"命令才能够被激活。此命令可以在实体上打盲孔、通孔、螺纹孔及各种沉孔。孔的创建分成两步：一个是孔特征参数的设置，另一个是孔在实体上的定位。"孔"命令操作如下：

选择要打孔的实体表面，之后单击"孔"命令图标，弹出如图 4-22 所示的"定义孔"对话框，此对话框中有三个选项卡，即"扩展""类型"和"定义螺纹"。在"扩展"选项卡中主要进行孔延伸方式、几何尺寸、方向、定位草图和底部类型的设置；在"类型"选项卡中主要进行孔类型的设置；在"定义螺纹"选项卡中主要是对螺纹的类型和几何特点进行设置。

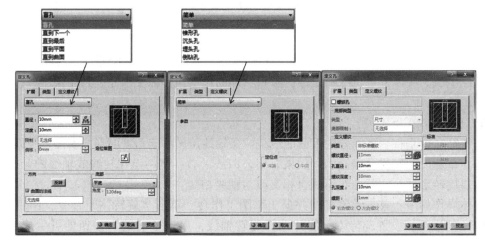

图 4-22　"定义孔"对话框

举例：在实体上创建 M10 的螺纹孔。

选择实体上表面，单击"孔"命令，出现"定义孔"对话框，单击对话框中的"定位草图"，对孔中心进行几何约束，如图 4-23 所示，完成后单击"退出草图"命令；在对话框中选择"定义螺纹"选项卡，勾选"螺纹孔"，设置螺纹参数，如图 4-24 所示，完成之后单击"确定"按钮，可看到在选中的平面上出现了打好的螺纹孔。

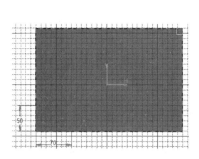

图 4-23　定义孔中心的几何位置　　　　图 4-24　设置螺纹孔参数

6）肋（添料扫掠）

"肋"命令是将指定的一个平面轮廓线，沿指定的中心曲线扫描而生成形体。轮廓线是闭合的平面曲线，中心曲线是轮廓线扫描的路径，要注意轮廓草图和中心曲线不能在同一个平面上绘制。

肋的具体操作如下：首先画出肋的截面草图，退出草图后，选择与截面草图垂直的平面画出所需的中心曲线，再次退出草图，单击"肋"命令，弹出"定义肋"对话框，选择对应的轮廓和中心线，也可根据需求勾选"厚轮廓"并设置厚度，单击"确定"按钮生成实体，如图 4-25 所示。

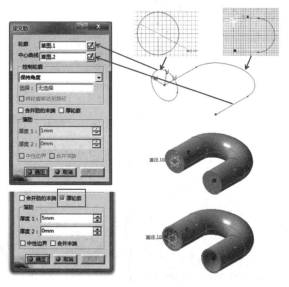

图 4-25　"肋"命令的操作

7）开槽（除料扫掠）

"开槽"命令和"肋"命令都属于扫掠构型，其操作步骤完全相同，所不同的是"开槽"是在已经生成的实体上进行除料扫掠，具体操作可参考"肋"操作。

8）多截面实体（放样）

多截面实体的构型原理就是在两个或多个截面间沿着脊线或引导线扫掠成型的，如图4-26所示。如果没有脊线或引导线，系统会使用一条默认的脊线。通常在截面曲线上指定闭合点，以控制多截面实体的扭曲状态。

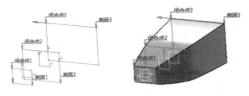

图4-26　多截面实体

多截面实体的操作流程：首先在不同的参考平面上绘制闭合的截面轮廓，单击"多截面实体"命令，弹出"多截面实体定义"对话框，分别选择多截面并修改闭合点位置和方向，选择不同的放样形式，单击"确认"即可。

在"多截面实体定义"的对话框中有四种放样形式的选项卡，即"耦合""引导线""脊线"和"重新限定"。耦合放样适合用于没有设置引导线和脊线的情况下，其中截面耦合有"比率""相切""相切然后曲率""顶点"四种形式，这四种形式的放样效果不同，如图4-27所示；引导线放样除了要绘制截面轮廓外还要绘制一条或多条引线，这时截面将沿着引导线生成实体，如图4-28所示；脊线放样除了要绘制截面轮廓外还要绘制一条脊线，此时截面将沿着脊线生成实体，如图4-29所示；重新限定是用来改变放样时扫掠的范围，默认的范围是从第一个截面到最后一个截面，也可以用引导线或脊线的两个端点限制范围。

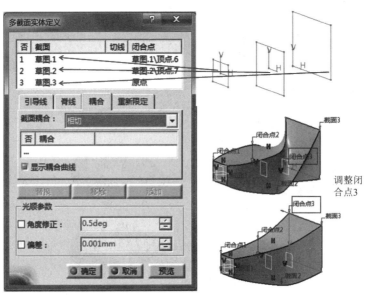

图4-27　耦合多截面实体

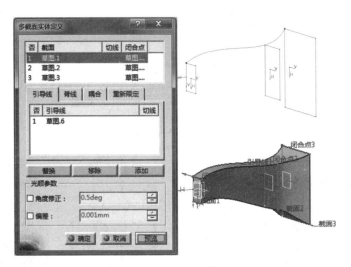

图 4-28　引导线多截面实体

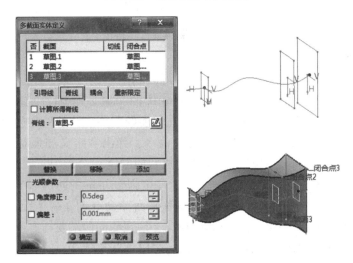

图 4-29　脊线多截面实体

9) 已移除的多截面实体（除料放样）

"已移除的多截面实体"命令和"多截面实体"命令都属于放样构型，其操作步骤完全相同，所不同的是"已移除的多截面实体"是在已经生成的实体上进行除料放样，具体操作可参考"多截面实体"操作。

10) 实体混合

"实体混合"命令通常是指在互相垂直的两个平面上分别绘制出所要创建实体的两个方向的特征轮廓，然后将两个草图分别沿着草图平面的法线方向拉伸，得到它们相交部分形成的实体特征。

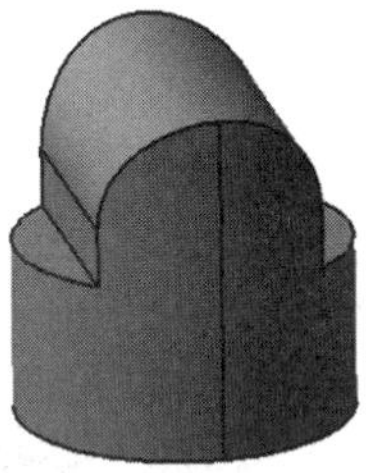

举例：利用"实体混合"作出如图 4-30 所示实体。

这个三维实体的特点是由一个圆柱和一个凸形轮廓混合而成，可以利用"实体混合"命令来创建实体：选择两个垂直的面分别绘出原形和凸形轮廓，单击"实体混合"命令，在弹出的"定义混合"对话框中选择第一部件和第

图 4-30　三维实体

二部件的轮廓，单击"确定"按钮，完成实体的创建，如图 4-31 所示。

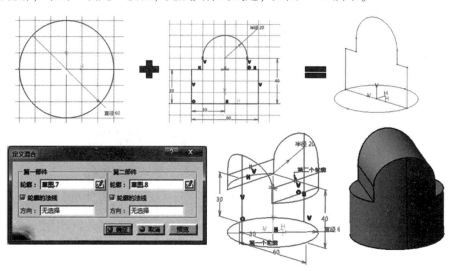

图 4-31　"实体混合"操作

11）肋（添料扫掠）

肋是叉架类、箱体类零件上的常见结构，可以利用"肋"命令在已有实体的基础上创建肋，注意"肋"命令只能使用开放轮廓，且轮廓的两端必须与已创建的实体相交，否则无法生成加强肋。"肋"命令的操作流程为：在需要绘制加强肋的地方创建参考平面，并在平面上绘制草图轮廓，退出草图后单击"肋"命令，弹出"定义加强肋"对话框，根据需要在对话框中进行设置，单击"确定"按钮完成肋的创建。

举例：在如图 4-32 所示的 L 座上添加一个厚度为 10 mm 的肋。

肋需要创建在 L 座的中间，首先利用"偏移平面"命令创建一个距 L 座侧面 50 mm 的参考平面；接下来在此参考平面上画出肋的轮廓，注意肋的两端要与 L 座相接触；退出草图后单击"肋"命令弹出"定义加强肋"对话框，"厚度"输入 10 mm，"轮廓"选择绘制好的轮廓线。单击"确定"按钮生成实体，如图 4-33 所示。

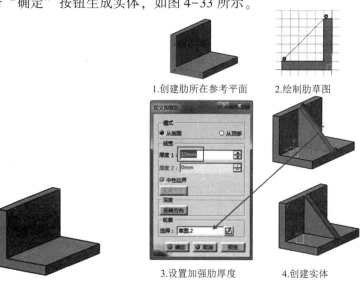

图 4-32　L 座　　　　**图 4-33　肋的创建过程**

4.3.2 变换特征工具栏

对特征的移动操作可利用变换特征工具栏实现，对各种实体进行位置变换 ，镜像复制 ，阵列复制 ，比例缩放 等操作。"变换特征"工具栏如图4-34所示。这些命令的使用可以减少建模时的重复工作，提高工作效率。

图4-34　变换特征工具栏

1）变换

在"变换"工具栏中共有四种变换命令，即"平移""旋转""对称"和"定位变换"，如图4-35所示。

图4-35　变换工具栏

（1）"平移"命令是把当前实体沿给定方向或位置移动，平移的参数在"平移定义"对话框中进行设置，定义模式共有以下三种：

①方向-距离：选择一个方向并输入距离，如图4-36所示；

②点到点：从一个点到另一个点来定义移动的方向和距离；

③坐标：用坐标值来定义沿 x、y、z 坐标轴的移动距离。

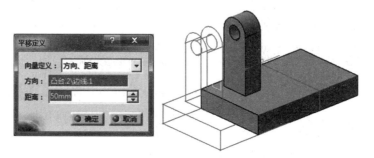

图4-36　平移操作

（2）"旋转"命令是把当前实体绕指定轴线旋转到一个新的位置，旋转参数可以在"旋转定义"对话框中进行设置，定义模式共有以下三种：

①轴线-角度：选择实体旋转的轴线，设置旋转角度，如图4-37所示；

②轴线-两个元素：选择实体旋转的轴线，旋转的角度从一个点到另一个点；

③三点：由三点确定旋转的位置。

（3）"对称"命令是把当前实体对称到参考元素的相对位置，参考元素可以是点、线或平面。对称元素在"对称定义"对话框中选择，如图4-38所示。

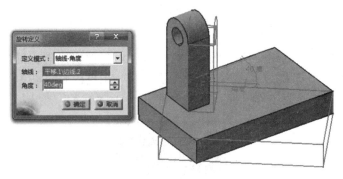

图 4-37　旋转操作

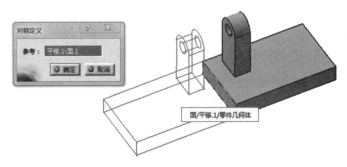

图 4-38　"对称定义"对话框

（4）"定位变换"命令是把当前坐标系下的实体变换到新坐标系下。在"'定位变换'定义"对话框中选择参考轴系和目标轴系，如图 4-39 所示，即可完成变换。定义参考轴系时，在"参考"框单击右键出现"创建轴系"选项，如图 4-40 所示，单击之后出现"轴系定义"对话框，不修改任何参数，单击"确定"按钮，如图 4-41 所示；定义目标参考系时，用同样的方法出现"轴系定义"对话框，选择新坐标原点，并选择"X 轴""Y 轴""Z 轴"方向，单击"确定"按钮，如图 4-42 所示。

图 4-39　定位变换定义对话框

图 4-40　创建轴系

图 4-41　定义参考系

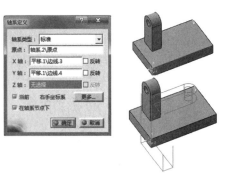

图 4-42　定义目标系

2）镜像复制

"镜像"命令与"对称"命令相似，其区别在于镜像保留原实体，且"镜像"命令可将实体模型上的一个或几个局部特征进行镜像，也可以将整体模型进行镜像，如图4-43所示。

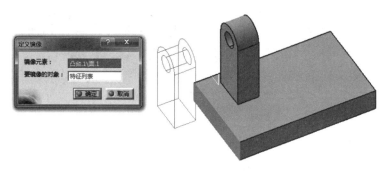

图4-43 "定义镜像"对话框

3）阵列复制

"阵列"命令是将实体按一定形状进行多次复制，阵列复制有三种方式，即"矩形阵列""圆形阵列""用户阵列"。"矩形阵列"可以创建按矩形排列的一系列实体模型，在"定义矩形阵列"对话框中首先在"第一方向"选项卡中选择参数定义方式（"实例和间距""实例和长度""间距和长度""实例和不等间距"），并输入相关参数，其次选择需要阵列的参考方向，最后选择要阵列的对象，如想要在第二个方向进行阵列，则单击"第二方向"选项卡进行设置，如图4-44所示；"圆形阵列"可以创建按圆周排列的一系列实体模型，通常通过实例数和角度来进行参数设置；"用户阵列"可以将实体模型阵列到用户指定的任意位置上，通常将在草图编辑器中建立新的定位点作为参数进行设置。

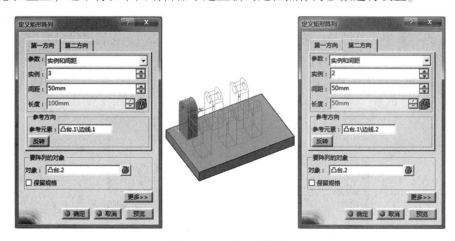

图4-44 定义矩形阵列

4）比例缩放

"比例缩放"命令是按照指定的比例和参考（可以是点、线、面）对选中的实体在 X、Y、Z 三个方向进行等比例缩放。在"缩放定义"对话框中输入比率（大于1为放大，小于1为缩小），并选择参考，如图4-45所示，图中选择凸台平面作为参考，故其只在与平面垂直的方向缩小。

图 4-45　"缩放定义"对话框

4.3.3　修饰特征工具栏

"修饰特征"工具栏包括倒圆角 、倒角 、拔模斜度 、抽壳 、增厚面 、内螺纹/外螺纹 、移除 和替换面 等功能特征，如图 4-46 所示。

图 4-46　修饰特征工具栏

1）倒圆角

倒圆角共有五种形式，即"等半径圆角""可变半径圆角""玄圆角""面与面的圆角"和"三切线内圆角"，每种形式的操作步骤基本一致，可根据需要选择不同的倒圆角方式。

倒圆角操作步骤如下：单击"倒圆角"命令，弹出"倒圆角定义"对话框，输入圆角半径数值；选择需要进行圆角化的对象，可以是一条或多条边，单击该窗口旁边的图标会弹出"圆角对象"对话框，可以进行对象的移除和替换操作；选择模式有"相切""最小""相交及""与选定特征相交"四种模式，可根据设计需要进行选择，一般情况下选择"相切"。设置完成后单击"确定"按钮生成倒圆角，如图 4-47 所示。

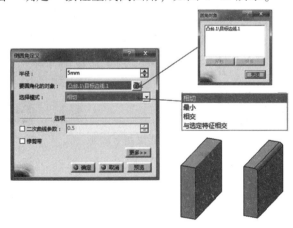

图 4-47　倒圆角操作

2）倒角

倒角的操作与倒圆角基本一致，在"定义倒角"对话框中倒角的模式有两种，即"长度1/角度"和"长度1/长度2"，第一种模式是通过倒角的长度和角度来定义倒角，如图4-48所示；第二种模式是通过倒角的两个长度来定义倒角，如图4-49所示。数值框中可输入倒角的轴向尺寸，角度数值框中可输入倒角轮廓线与轴线之间的角度。

图 4-48　定义倒角模式一　　　　　　　图 4-49　定义倒角模式二

3）拔模斜度

"拔模"命令是在零件的拔模面上创建一个斜角，以便于零件与模具的分离。拔模有三种模式，即斜度拔模、反射线拔模和可变角度拔模。

拔模斜度的操作步骤为：单击"拔模斜度"命令，弹出"定义拔模"对话框，如图4-50所示，在对话框中设置与拔模相关的参数，参数含义如下：

（1）拔模方向：零件与模具分离时的方向，在图中显示为褐色箭头；

（2）拔模角：拔模面与拔模方向间的夹角，其值可为正值或负值；

（3）中性面：拔模前后大小与形状保持不变的面，图中显示为蓝色；

（4）中性线：中性面与拔模面的交线，拔模前后其位置不变，图中显示为粉色；

（5）分界面：沿中性线方向限制拔模面范围的平面；

（6）分离元素：分割实体成两部分的元素，分离后的实体可各自创建拔模特征。

在对话框的"角度"窗口中输入拔模角度，在"要拔模的面"窗口中选择拔模面，在"中性元素"中选择中性面，在"拓展"窗口中显示默认"无"，"拔模方向"区内的"选择"窗口中显示拔模方向的起始面，设置完成后单击"确定"按钮，生成拔模面。

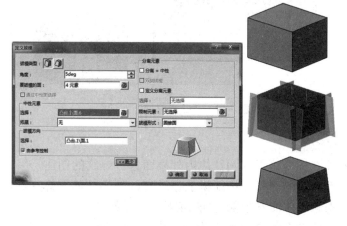

图 4-50　"定义拔模"对话框

4）抽壳 ⬛

抽壳又叫盒体，"抽壳"命令是将实体上的某些表面移除，挖空实体的内部，形成具有一定厚度的薄壁盒体。

"抽壳"命令的具体操作为：单击"抽壳"命令，弹出"定义盒体"对话框，如图4-51所示，设置抽壳厚度，选择要移除的面，单击"确定"按钮，得到创建的盒体。

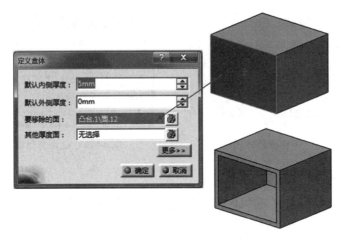

图 4-51　"定义盒体"对话框

5）增厚面 ⬛

"增厚"命令是增加或减少指定形体表面的厚度。单击"增厚"命令，弹出如图4-52所示的"定义厚度"对话框，在对话框中的"默认厚度"窗口中输入厚度值，当输入值为正时，增加实体表面厚度；当输入值为负时，减少实体表面厚度。在对话框中的"默认厚度面"选择要加厚的面（可选择多个面），单击"确定"按钮，完成实体表面增厚。

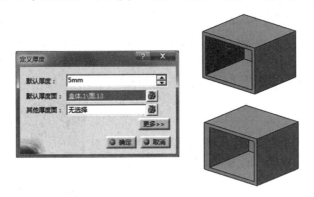

图 4-52　"定义厚度"对话框

6）内螺纹/外螺纹 ⬤

"内螺纹/外螺纹"命令可以在圆柱体内外表面进行螺纹的创建。用"螺纹"命令创建的螺纹在实体上是不显示的，只在特征树上显示有内外螺纹的图标和参数，在生成工程图时，系统会自动识别螺纹并按内外螺纹的规定画法表示螺纹。

"内螺纹/外螺纹"命令的具体操作为：单击"螺纹"命令，弹出"定义外螺纹/内螺纹"对话框，如图4-53所示，在"几何图形定义"区选择需要创建螺纹的侧面、限制螺纹的限制面、内外螺纹和螺纹方向，在"底部类型"区选择"尺寸""支持面深度"或"直到平面"，在"数值定义"区设置螺纹的相关参数，设置完成后单击"确定"按钮，在几何实体上生成螺纹。

图4-53　"定义外螺纹/内螺纹"对话框

7）移除

"移除"命令用于对实体上的凹槽等复杂表面进行移除，实现表面的还原。

单击"移除面"命令，弹出"移除面定义"对话框，如图4-54所示，分别选择要移除的面和要保留的面，单击"确定"按钮，实现凹槽的移除。

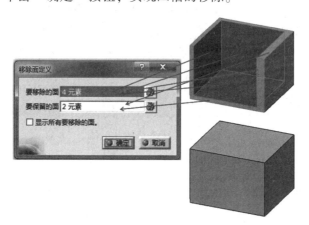

图4-54　"移除面定义"对话框

8）替换面

"替换面"命令用于利用已有的外部曲面形状对实体的表面形状进行修改，以获得特殊形状的实体。

单击"替换面"命令，弹出"定义替换面"对话框，如图4-55所示，选择要替换的曲面（已画好）和要移除的面，单击"确定"按钮，原实体要移除的面已经按照曲面形状进行移除。

图4-55 定义替换面对话框

4.3.4 布尔函数工具栏

有些实体可以看作是由多个实体组合而成的，将多个实体组合成一个实体时，需要对实体进行逻辑运算。在CATIA中通过布尔函数工具栏实现多实体零件的逻辑运算，包括装配 、添加 、移除 、相交 、联合修剪 和移除块 ，如图4-56所示。

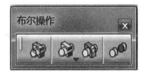

图4-56 "布尔函数"工具栏

布尔运算只能运用在多体零件上，即必须插入新的零件体才能进行布尔运算，如图4-57所示。单击下拉菜单中的"插入"选项，选择"插入几何体"命令，完成"几何体.2"的插入。

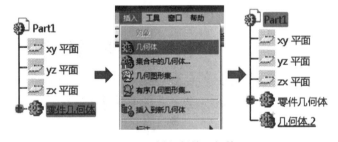

图4-57 插入新的几何体

1）装配

"装配"命令类似于求两个几何体的代数和，添料特征的材料为正，除料特征的材料为负。

具体操作如下：

在Part1下建立两个零件几何体，单击"装配"命令，将"几何体.2"装配到零件几何体之上，单击"确定"按钮完成操作，如图4-58所示。

2）添加

"添加"与"装配"命令相似，如果两个零件体都为添料特征，则"添加"命令与

"装配"命令结果相同；如果两个零件体一个为添料特征，另一个为除料特征，则是把这两个特征相加，类似于求两个几何体的绝对值的和。"添加"命令的操作流程与"装配"相同。

3）移除

"移除"命令就是从一个零件体减去另一个零件体，类似于两个几何体求差。"移除"命令的操作流程与"装配"相同。

4）相交

"相交"命令就是将两个零件体中相交的部分保留，其余部分删除，类似于两个集合体求交集。"相交"命令的操作流程与"装配"相同。

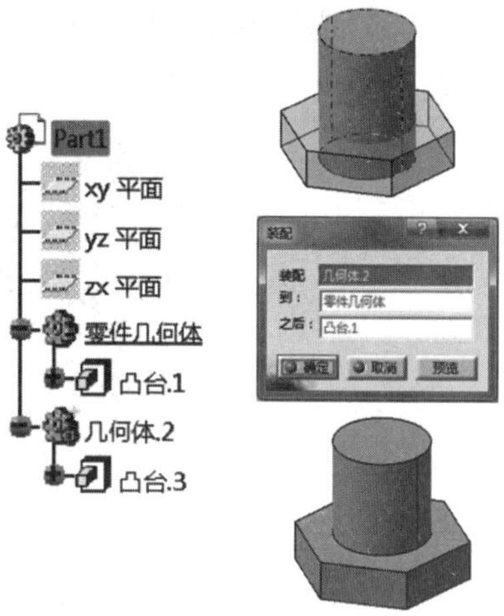

5）联合修剪

"联合修剪"命令是将两个几何体在求和前或求和后，把其中某些部分修剪掉，形成新的实体。"联合修剪"命令的操作流程与"装配"相同。

6）移除块

"移除块"命令是将两个几何体完成布尔操作后，在模型中可能会残留实体或者空腔去除。"移除块"命令的操作流程与"装配"相同。

图 4-58　装配操作

4.4　零件绘制实例

4.4.1　实例 4-1（轴类零件的构型设计）

绘制如图 4-59 所示 V6 发动机曲轴。

图 4-59　V6 发动机曲轴

绘制步骤：

思路分析：V6 发动机曲轴的主要特征是曲拐的结构基本相同，且每个曲拐之间呈 60°夹角，在绘制过程中可以先绘出一个曲拐的结构，然后利用"镜像"命令 形成不同角度的曲拐，以简化绘制过程。

1）绘制第一曲拐

（1）选择 yz 平面为草图平面，绘制 ϕ55 mm 圆形轮廓，退出草图，单击"凸台"命令拉伸 2 mm 的凸台，如图 4-60 所示。

（2）选择步骤（1）中所绘凸台左侧为草图平面，绘制 ϕ40 mm 圆形轮廓，退出草图，单击"凸台"命令拉伸 35 mm 的凸台，如图 4-61 所示。

图 4-60　ϕ55 mm×2 mm 凸台　　　　　图 4-61　ϕ40 mm×35 mm 凸台

（3）选择步骤（2）中所绘凸台左侧为草图平面，绘制 ϕ55 mm 圆形轮廓，退出草图，单击"凸台"命令拉伸 2 mm 的凸台，如图 4-62 所示。

（4）选择步骤（3）中所绘凸台左侧为草图平面，绘制如图 4-63 所示的曲拐平衡重轮廓，退出草图，单击"凸台"命令拉伸 25 mm 的凸台，如图 4-64 所示。

（5）选择步骤（4）中所绘凸台左侧为草图平面，绘制 ϕ40 mm 圆形轮廓，退出草图，单击"凸台"命令拉伸 12.5 mm 的凸台，如图 4-65 所示。

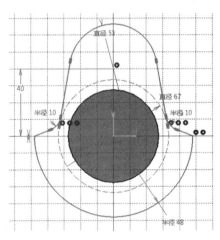

图 4-62　ϕ55 mm×2 mm 凸台　　　　　图 4-63　曲拐平衡重轮廓

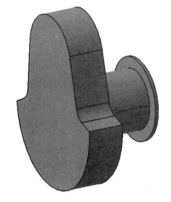

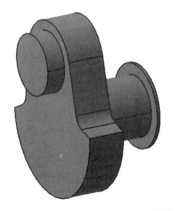

图 4-64　曲拐平衡重凸台　　　　　图 4-65　ϕ40 mm×12.5 mm 凸台

（6）选择步骤（5）中所绘凸台左侧为草图平面，绘制 ϕ66 mm 圆形轮廓，退出草图，单击"凸台"命令拉伸 5.5 mm 的凸台，如图 4-66 所示。

（7）选择步骤（6）中所绘凸台左侧为草图平面，绘制 ϕ56 mm 圆形轮廓，退出草图，单击"凸台"命令拉伸 50 mm 的凸台，如图 4-67 所示。

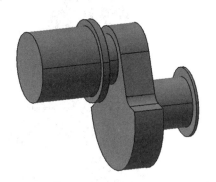

图 4-66　ϕ66 mm×5.5 mm 凸台　　　　　图 4-67　ϕ56 mm×50 mm 凸台

（8）选择步骤（7）中所绘凸台左侧为参考平面，单击"平面"命令，选择偏移平面类型，设定偏移量为 25 mm，创建新的参考平面，如图 4-68 所示。

（9）单击"镜像"命令，以步骤（8）中所作平面为镜像平面，得到另一侧的实体，即完成一个曲拐的绘制，如图 4-69 所示。

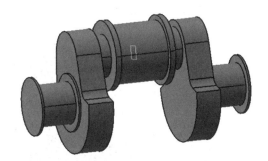

图 4-68　偏移新建参考平面　　　　　图 4-69　第一曲拐实体

2）绘制第二曲拐

（1）选择 yz 平面为草图平面，绘制一条与 H 轴成 30°的构造线，单击"投影 3D 元素"命令，选取"1）绘制第一曲拐"步骤（4）中绘制的曲拐平衡重轮廓，得到 3D 投影线（将中间圆形删去），然后单击"镜像"命令，以 30°的构造线为镜像线，得到旋转后的新轮廓，将原有轮廓删除或变成构造元素，如图 4-70 所示。退出草图，单击"凸台"命令，拉伸 25 mm，得到新的凸台，如图 4-71 所示。

（2）仿照"1）绘制第一曲拐"的步骤（5）～（9），完成第二曲拐完整结构的绘制，如图 4-72 所示。

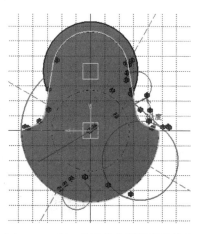

图 4-70　第二曲拐的曲拐平衡重轮廓

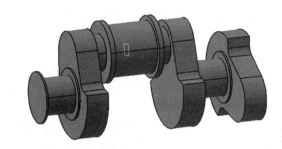

图 4-71　曲拐平衡重凸台

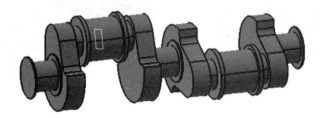

图 4-72　第二曲拐平实体

3）绘制第三曲拐

　　仿照"2）绘制第二曲拐"，以第二曲拐的曲拐平衡重轮廓进行 3D 投影，以 *V* 轴为镜像线进行镜像，得到第三曲拐的曲拐平衡重草图轮廓，如图 4-73 所示，完成 V6 发动机曲轴完整结构的绘制，如图 4-74 所示。

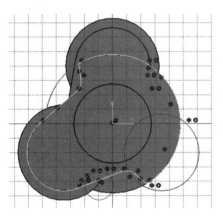

图 4-73　曲拐平衡重草图轮廓

图 4-74　V6 发动机曲轴

4.4.2　实例4-2（盘类零件的构型设计）

绘制如图4-75所示皮带轮。

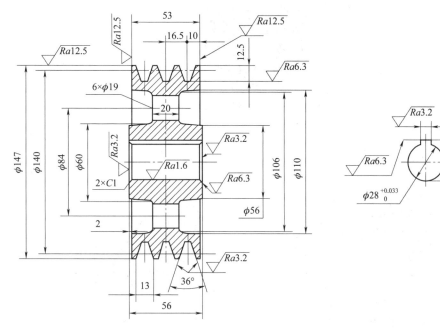

图4-75　皮带轮二维图

绘制步骤：

（1）由于皮带轮中心对称的特点，故可采用先绘制一半轮廓后利用"旋转"命令生成实体。选择 zx 平面，根据皮带轮二维图的外形和尺寸特点绘制草图轮廓，又因为轮廓为左右对称，故只需绘制1/2（见图4-76），再利用"镜像"命令完成整个草图轮廓，如图4-77所示。

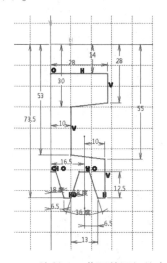

图4-76　绘制1/2草图并添加约束

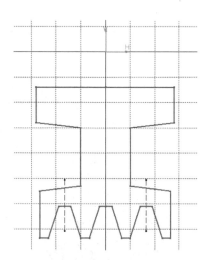

图4-77　利用"镜像"命令完成完整的草图

（2）单击"旋转体"命令，选择 X 轴，生成皮带轮实体，如图 4-78 所示。

图 4-78　皮带轮实体

（3）选择皮带轮左端面，绘制如图 4-79 所示的矩形轮廓，退出草图，利用"凹槽"命令切割出通槽，如图 4-80 所示。

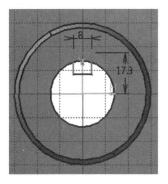

图 4-79　键槽的正方形槽草图

图 4-80　完成键槽

（4）选择皮带轮左端面，利用"打孔"命令先生成一个通孔，孔参数设置如图 4-81 所示，再利用"圆形阵列"命令生成其余 5 个孔，如图 4-82 所示。

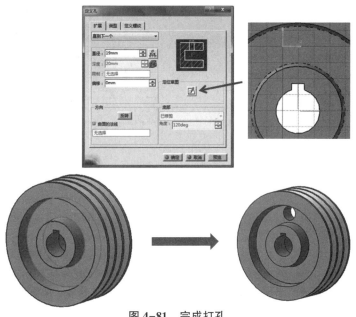

图 4-81　完成打孔

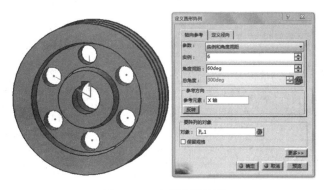

图 4-82　完成孔的阵列

（5）利用"倒角"命令完成倒角，如图 4-83 所示。

图 4-83　完成倒角

4.4.3　实例 4-3（腔体类零件设计）

绘制如图 4-84 所示汽车差速器行星齿轮室腔体。

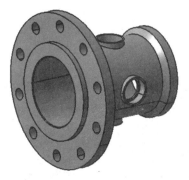

图 4-84　汽车差速器行星齿轮室腔体

绘制步骤：

（1）选择 xy 平面为草图平面，绘制如图 4-85 所示草图轮廓，退出草图，单击"旋转"命令，绕 x 轴旋转获得差速器壳体毛坯，如图 4-86 所示。

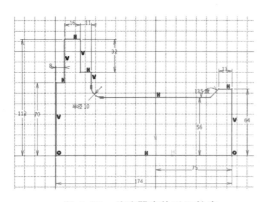

图 4-85　差速器壳体毛坯轮廓

图 4-86　差速器壳体毛坯实体

（2）选择差速器壳体毛坯的右端面为草图平面，绘制 ϕ128 mm 的圆形草图轮廓，退出草图，单击"凹槽"命令，设定凹槽深度为 10 mm，得到如图 4-87 所示结果。

（3）选择凹槽底面为草图平面，绘制 ϕ100 mm 的圆形草图轮廓，退出草图，单击"凹槽"命令，设定凹槽类型为"直到下一个"，得到如图 4-88 所示结果。

图 4-87　ϕ128 mm×5 mm 的凹槽

图 4-88　ϕ100 mm 的通孔

（4）单击"建立平面"命令，选择 xy 为参考平面，创建一个偏移距离为 46 mm 的平面，如图 4-89 所示。

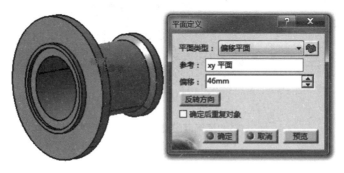

图 4-89　建立参考平面

（5）选择步骤（4）中所建平面为草图平面，绘制 ϕ42 mm 的圆形草图轮廓，退出草图，单击"凸台"命令，生成一个高度为 15 mm 的凸台，如图 4-90 所示。

图 4-90　ϕ42 mm×15 mm 的凸台

（6）选择凸台顶面为草图平面，单击"孔"命令，在坐标原点处建立一个沉头孔，如图 4-91 所示。

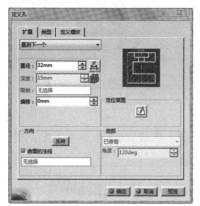

图 4-91　创建沉头孔

（7）单击"圆周列"命令，选择步骤（5）和（6）所绘制实体（可以按住"Shift"键，在特征树上选择凸台和孔的结点），在"定义圆形阵列"对话框中输入阵列"实例"个数为 4，"角度间距"为 90°，选取 X 轴为参考元素，得到如图 4-92 所示结果。

图 4-92　"定义圆形阵列"对话框

（8）选择差速器壳体毛坯右侧最大端面为草图平面，绘制 $\phi17$ mm 的圆形草图轮廓，如图 4-93 所示，退出草图，单击"凹槽"命令，设定凹槽类型为"直到下一个"，得到如图 4-94 所示结果。

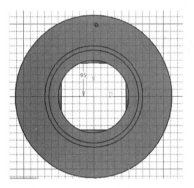

图 4-93　$\phi17$ mm 通孔草图轮廓

图 4-94　$\phi17$ mm 通孔

（9）单击"圆周阵列"命令，选择步骤（8）所绘制孔，在"定义圆形阵列"对话框中输入阵列"实例"个数为 10，"角度间距"为 36°，选取 X 轴为参考元素，得到如图 4-95 所示结果，即完成汽车差速器行星齿轮室腔体建模。

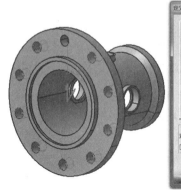

图 4-95　圆形阵列 10×$\phi17$ mm 通孔

4.4.4 实例 4-4（布尔操作）

利用布尔函数绘制如图 4-96 所示座体。

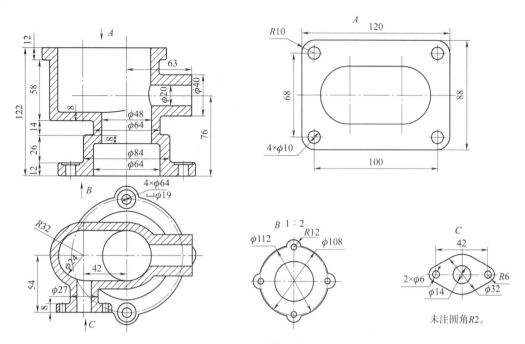

图 4-96 座体二维图

绘制步骤：

1）创建外形模样

思路分析：根据二维图，分层完成外形模样的绘制，如图 4-97 所示。

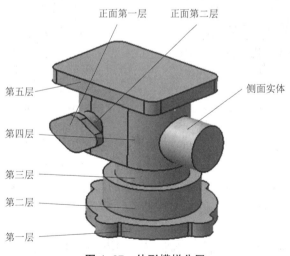

图 4-97 外形模样分层

（1）选择 xy 平面，根据图 4-96 中所示 B 向视图完成草图轮廓绘制，退出草图，利用"拉伸"命令生成第一层外形模样的实体，如图 4-98 所示。

（2）选择第一层顶面，绘制圆形草图轮廓，退出草图，利用"拉伸"命令生成第二层外形模样的实体，如图 4-99 所示。

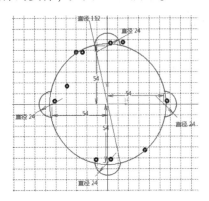

图 4-98　第一层外形模样的轮廓

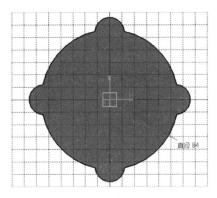

图 4-99　第二层外形模样的轮廓

（3）选择第二层顶面，绘制圆形草图轮廓，退出草图，利用"拉伸"命令生成第三层外形模样的实体，如图 4-100 所示。

（4）选择第三层顶面，绘制长圆孔草图轮廓，退出草图，利用"拉伸"命令生成第四层外形模样的实体，如图 4-101 所示。

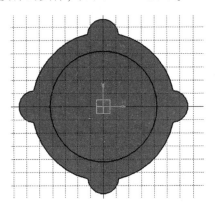

图 4-100　第三层外形模样的轮廓

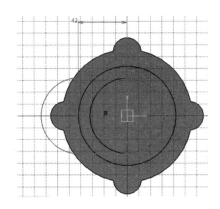

图 4-101　第四层外形模样的轮廓

（5）选择第四层顶面，根据图 4-96 中所示 A 向视图完成草图轮廓绘制，退出草图，利用"拉伸"命令生成第五层外形模样的实体，如图 4-102 所示。

（6）以 zx 平面为基准，创建一个相距 54 mm 的参考平面，根据图 4-96 中所示 C 向视图完成草图轮廓绘制，退出草图，利用"拉伸"命令生成正面第一层外形模样的实体，如图 4-103 所示。

（7）选择正面第一层内侧表面，绘制圆形草图轮廓，退出草图，利用"拉伸"命令生成正面第二层外形模样的实体，如图 4-104 所示。

（8）以 zy 平面为基准创建一个相距 63 mm 的参考平面，绘制圆形草图轮廓，退出草图，利用"拉伸"命令生成侧面外形模样的实体，如图 4-105 所示。

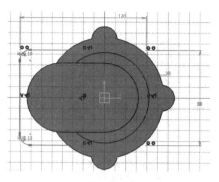

图 4-102　第五层外形模样的轮廓

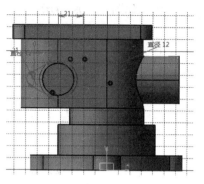

图 4-103　正面第一层外形模样的轮廓

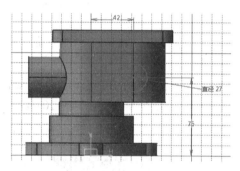

图 4-104　正面第二层外形模样的轮廓

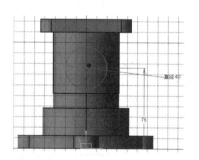

图 4-105　侧面外形模样的轮廓

2）创建内腔模样

思路分析：根据二维图，分层完成内腔模样的绘制，如图 4-106 所示。

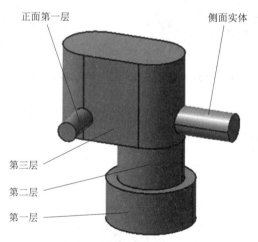

图 4-106　内腔模样分层

（1）单击菜单栏"插入"→"几何体"命令，完成"几何体.2"的插入。

（2）以 xy 平面为基准，绘制圆形草图轮廓，退出草图，利用"拉伸"命令生成第一层内腔模样的实体，如图 4-107 所示。

（3）选择第一层顶面，绘制圆形草图轮廓，退出草图，利用"拉伸"命令生成第二层外形模样的实体，如图 4-108 所示。

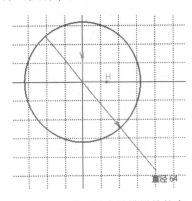

图 4-107　第一层内腔模样的轮廓

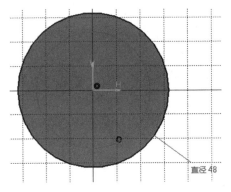

图 4-108　第二层内腔模样的轮廓

（4）选择第二层顶面，绘制长圆孔草图轮廓，退出草图，利用"拉伸"命令生成第三层外形模样的实体，如图 4-109 所示。

（5）选择"1）创建外形模样"步骤（6）中完成的正面第一层实体表面，绘制圆形草图轮廓，退出草图，利用"拉伸"命令生成正面内腔模样的实体，如图 4-110 所示。

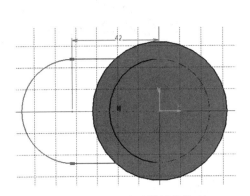

图 4-109　第三层内腔模样的轮廓

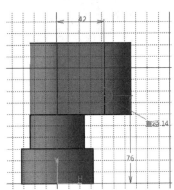

图 4-110　正面内腔模样的轮廓

（6）选择"1）创建外形模样"步骤（7）中完成的侧面实体表面，绘制圆形草图轮廓，退出草图，利用"拉伸"命令生成侧面内腔模样的实体，如图 4-111 所示。

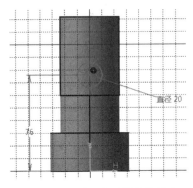

图 4-111　侧面内腔模样的轮廓

3）布尔操作

在特征树的"几何体.2"上单击右键，在弹出的快捷菜单中选择"几何体.2对象"→"移除"命令，利用移除的布尔函数得到除去内腔模样的座体实体，如图4-112所示。

4）添加孔和倒角

利用"倒圆角"命令，按给定的圆角半径2完成内外表面的铸造圆角，利用"孔"和"阵列"命令完成三个面上的孔（4×ϕ12 mm，4×ϕ10 mm，2×ϕ6 mm），即完成全部特征的实体模型，如图4-113所示。

图4-112　除去内腔模样的座体实体

图4-113　座体实体

4.5　实战练习

1. 绘制如图4-114所示的轴。

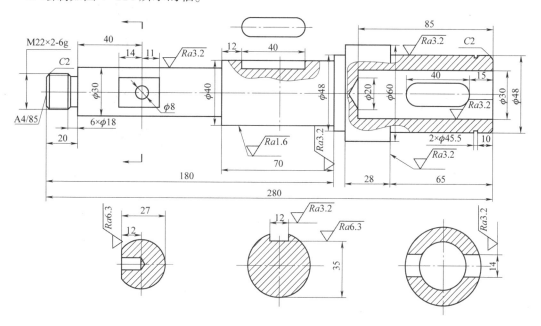

图4-114　练习（1）原图

2. 绘制如图 4-115 所示的支架。

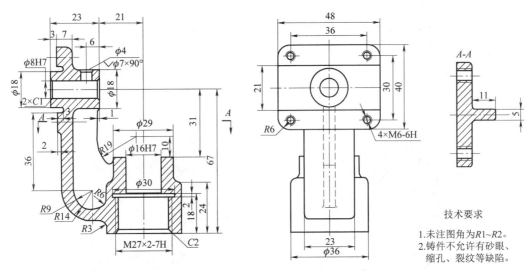

图 4-115 练习（2）原图

3. 参考所给汽车发动机活塞连杆机构结构图，如图 4-116 所示，根据实物自拟尺寸，绘制活塞、连杆等相关零件。

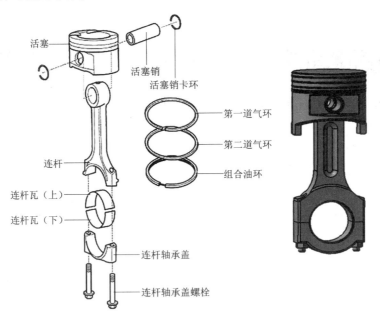

图 4-116 汽车发动机活塞连杆机构结构图

第 5 章
装配体设计实例

知识要点

1. 装配设计流程；
2. 装配设计工作台的主要功能。

能力要求

1. 了解装配设计的流程；
2. 掌握装配设计工作台的功能。

相关知识

1. "自上而下"设计、"自下而上"设计；
2. 装配体的建立、插入已有零部件、移动零部件、约束零部件、测量装配体。

装配设计的最终产物是产品（Product），它是由一些零件（Part）或部件（Component）组成的，部件是由至少一个零件（Part）组成，某个产品也可以是另外一个产品的部件，某个部件也可以是另外一个部件的一部分。例如，对于汽车这个产品来说，变速箱是一个部件，变速箱中的齿轮或轴是零件；当然，也可以把变速箱看成是一个产品。在构成产品的特征树上，树根一定是某个产品，零件或部件是树叶。部件装配工作台（Assembly Design）是 CATIA 最基本也是最具有优势和特色的功能模块，包括创建装配体、添加指定的部件或零件到装配体、创建部件之间的装配关系、移动和布置装配成员、生成产品的爆炸图、装配干涉和间隙分析等主要功能。

CATIA V5 支持"自下而上"和"自上而下"两种装配设计方法："自下而上"是指先在零件设计工作台完成每个零件后，再进入装配设计工作台，插入已设计好的零件，然后用相应命令将各个零件装配成产品；"自上而下"是指先进入装配设计工作台，插入需要设计的若干新零件，之后再进入零件设计工作台进行新零件的设计，利用这种方法各个零件是在装配好的位置进行设计的，因此不需要再进行零部件的装配。

当然，在进行装配设计时也可以使用两种方式的混合设计。

5.1 进入装配设计工作台

进入装配设计工作台的方式有以下三种：

（1）单击下拉菜单中"开始"—"机械设计"—"装配设计"命令进入装配设计工作台，如图 5-1 所示。

（2）单击下拉菜单中"文件"—"新建"命令，弹出"新建"对话框，选择"Product"并单击"确定"按钮，即可进入装配设计工作台，如图 5-2 所示。

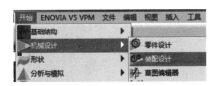

图 5-1   "开始"菜单   图 5-2   "新建"对话框

（3）单击工具栏最上方预先设计好的工作台图标，弹出"工作台"对话框，选择"装配设计"图标，如图 5-3 所示。

图 5-3   工作台对话框

装配设计工作台与零件设计工作台的工作界面相似，不同的是在窗口右侧有专门用于装配的专用工具栏，如产品结构工具、移动、约束等，在插入零件体之后，约束、移动等工具栏才能被激活。

进入装配设计工作台时就建立了一个装配文件，产品的默认名称是"Product1"，在特征树上，可以通过单击鼠标右键选择"属性"命令调出"属性"对话框，在零件编号中修改产品的名称，如图 5-4 所示。

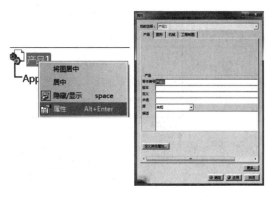

图 5-4 在特征树上修改产品名称

5.2 装配设计工作台主要工具介绍

5.2.1 零部件的添加

在装配中添加零部件，可以使用工具栏中的"产品结构"工具，如图 5-5 所示，或使用菜单栏中的"插入"—"工具"命令，不论用哪种命令添加零部件，都必须先在装配特征树上单击上一级目录的"Product"，使其呈橘黄色的选择状态。

图 5-5 产品结构工具栏

不同的装配设计方法有不同的添加零部件的方式，主要有以下几种。

1）"自下而上"的装配设计

在产品设计流程中有两种方式，第一种是"自上而下"的设计，即先在零件设计工作台中完成每个零件的设计工作，然后再进入装配设计工作台建立一个产品，将设计好的零件插入，最后利用相关的"移动"或"约束"命令完成产品的装配。

通过"产品结构"工具栏中的"插入现有部件"命令 或"插入具有定位的现有部件"命令 在产品的特征树中添加零部件，具体操作如下：

（1）先在产品特征树上单击上一级目录产品，使其呈橘黄色高亮状态。

（2）单击"插入现有部件"命令，在弹出的"选择文件"对话框中找到要插入的零件，也可一次性选择多个零件插入，如图 5-6 所示。

若插入零件的零件号与当前已有的产品零件编号产生冲突，则弹出如图 5-7 所示"零件编号冲突"对话框。选择产生冲突的零件号，单击"重命名"，在随后弹出的如图 5-8 所示"零件编号"对话框内输入自定义的名字，或者单击"自动重命名"，由系统自动改名。

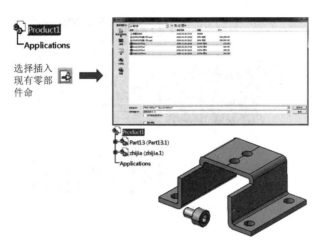

图 5-6　插入现有零部件

图 5-7　"零件编号冲突"对话框

图 5-8　"零件编号"对话框

2）"自上而下"的装配设计

产品设计流程的第二种方式是"自上而下"的设计，即先进入装配设计工作台，再插入新的零部件进行设计，设计是按照零部件在产品中的相对位置进行的，因此不需要再进行装配。

通过"产品结构"工具栏中的"插入部件" 、"插入产品" 和"插入零件" 等命令来建立新的零部件，具体操作如下：

（1）先在产品特征树上单击上一级目录产品，使其呈橘黄色高亮状态。

（2）单击"插入新零件"命令，即在特征树上出现一个新零件，可以单击鼠标右键选择"属性"，以修改零件名称，完成零件的插入。

部件与产品的插入方式相同，但插入部件命令与其余两者不同，这个插入到产品的部件本身没有任何数据，因此没有单独的文件被保存，同时也不能单独打开这个部件文件，因为它的数据一起保存在上层产品中。

在产品中插入多个新建零部件时，会出现如图 5-9 所示对话框，选择"是"表示每个新建的零件都有一个独立的原点，选择"否"表示所有零件的原点为同一个。

图 5-9　新建零件原点的选择

5.2.2 零部件的移动

在装配过程中，必须弄清装配的级别，总装配是最高级，其下级是各级的子装配，即各级的部件。对哪一级的部件进行装配，这一级的装配体必须处于激活状态。在特征树上双击某装配体，使之在特征树上显示为蓝色，此时该装配体就处于激活状态。如果单击某个装配体，使之在特征树上为亮色显示，此时该装配体就处于被选择状态。注意只有在激活状态下产品的部件及其子部件才可以被移动和旋转。

在进行"自下而上"的设计流程时，需要对插入的已设计好的零部件进行位置的移动，移动零部件的方法有两种：一种是使用罗盘移动；另一种是采用移动工具栏中的命名。

1）使用罗盘移动

使用罗盘移动零件的操作步骤如下：

（1）将光标移至罗盘的红方块，出现移动箭头，按下鼠标左键拖动罗盘放在需要移动的形体表面上，罗盘将附着在形体上，罗盘的三个坐标变成 U、V、W 三个局部坐标，并且变成绿色，如图 5-10 所示。

图 5-10 将罗盘附着到零件上

（2）将鼠标置于罗盘的轴上，按下左键并拖动鼠标，需要移动的零件即可按所选轴线运动；将鼠标置于罗盘的弧上，按下左键并拖动鼠标，需要移动的零件即可绕对应的轴线转动；将鼠标置于罗盘的平面上，按下左键并拖动鼠标，需要移动的零件即可在该平面内移动；将鼠标置于罗盘的顶端原点上，按下左键并拖动鼠标，需要移动的零件即可向任意方向运动。

（3）完成零件移动后，拖动罗盘离开依附零件后松开左键，罗盘自动回到原始位置，但罗盘仍保持局部坐标。若想要罗盘恢复到绝对坐标，则可将罗盘拖到右下角的系统坐标系上并松开左键，罗盘恢复原位。

还可以利用罗盘实现对零件的精确移动。将罗盘附着到零件上之后，在罗盘上单击鼠标右键，选择"编辑"命令，出现如图 5-11 所示的用于指南针操作的参数对话框，在对话框中可以选择零件以绝对坐标或相对坐标进行三个方向的平移和以三个方向为轴的旋转。单击箭头图标，即可使零件按照所选择移动方式进行正向或反向的移动。

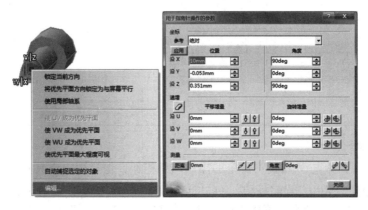

图 5-11 利用罗盘实现对零件的精确移动

2）使用"移动"命令移动

"移动"工具栏中包括"操作""捕捉""智能移动""分解"和"碰撞时停止操作"5个

命令，如图 5-12 所示。

图 5-12　移动工具栏

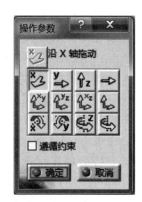

图 5-13　"操作参数"
对话框

（1）操作。

"操作"命令是使用"操作参数"对话框实现对零部件的平移和旋转，单击"操作"命令 🦴，弹出"操作参数"对话框，如图 5-13所示。在对话框中选择要移动的方向或旋转轴，然后将光标置于要移动的零件上，按下鼠标左键并拖动鼠标，即可移动零件。

（2）捕捉。

"捕捉"命令是将选定的零件移动并对齐另一零件上所选取的几何元素。操作时，单击"捕捉"命令 🦴，依次选择两个元素，出现对齐箭头，在空白处单击鼠标左键，第一个元素移动到第二个元素处与之对齐，从而实现零件的移动。表 5-1 所示为几何元素种类及其对齐结果。

表 5-1　"捕捉"命令的几何元素种类及对其结果

第一个选定的几何元素	第二个选定的几何元素	捕捉结果
点	点	共点
点	直线	点移动到直线上
点	平面	点移动到平面上
线	点	直线通过选择点
线	直线	所选两条直线共线
线	平面	直线移动到平面上
面	点	平面通过点
面	直线	平面通过直线
面	平面	两平面共面

（3）智能移动。

"智能移动"命令与"捕获"命令的操作结果相似，但过程中更具有智能性。单击"智能移动"命令 🦴，弹出"智能移动"对话框，如图 5-14 所示，在对话框中显示需要移动的零件，按与"捕获"命令相同的操作方法进行零件的移动。单击对话框中的"更多"按钮，出现"快速约束"窗口，窗口中有 6 种按优先顺序显示的约束，通过对话框右侧的上下箭头可改变优先约束顺序。选中"自动约束创建"选项，两零件间将按优先顺序自动创建约束列表中的某一个约束。

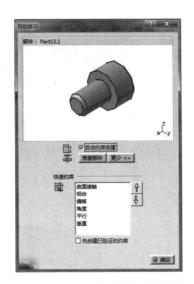

图 5-14 "智能移动"对话框

（4）分解。

"分解"命令可以将装配体分解开来，以查看零部件之间的位置关系，即形成爆炸图。选择要分解的产品，单击"分解"命令 🔧，弹出"分解"对话框，如图 5-15 所示，在对话框的窗口中分别设置"深度""类型""选择集"和"固定产品"选项，单击"应用"按钮，所有零件分开。

图 5-15 "分解"对话框

（5）碰撞时停止操作。

通过"碰撞时停止操作"命令可以检查零部件之间移动时是否产生碰撞。单击此命令 🔧 使其处于激活状态，单击"操作"命令，在"操作参数"对话框中勾选"遵循约束"，如图 5-16 所示，在对零件进行移动时会发现，若零件发生碰撞，则无法继续移动零件。

5.2.3 零部件的约束

约束指的是零部件之间相对几何关系的限制条件，其几何关系的限制条件只需指定两个零部件之间的约束类型，系统将自动按指定的约束方式确定部件位置。创建装配约束可以通过约束工具栏中的"相合约束""接触约束""偏移约束""角度约束""固定约束"

图 5-16 "碰撞时停止操作"命令

"固联约束""快速约束""柔/刚约束"和"更改约束"等命令实现,如图 5-17 所示。

图 5-17　"约束"工具栏

"约束"命令的操作过程基本相同:单击"约束"命令,选择需要进行约束的两个零件的约束元素,此时零件之间会添加"约束"命令的图标,但位置不会发生变化,单击"更新"按钮 ◉ 后零件的相对位置才会发生变化,特征树上会出现已添加的约束,如图 5-18 所示。

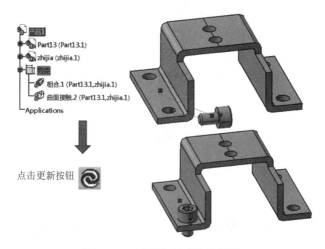

图 5-18　"添加约束"的操作

1)相合约束 ◢

"相合约束"功能是在两几何元素之间施加重合约束,几何元素可以是点(包括球心)、直线(包括轴线)、平面、形体的表面(包括球面和圆柱面)。单击该图标,依次选择两个元素,则第一元素移动到第二元素位置,将两者重合在一起。其装配关系为同心、共线或共面,如图 5-19 所示。

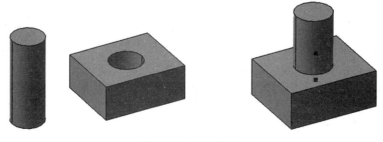

图 5-19　相合约束

2)接触约束 ◪

"接触约束"是在平面或形体表面施加接触约束,约束的结果是两平面或表面的外法线方向相反。单击该图标，依次选择两个元素，则第一元素移动到第二元素位置，两面外法线方向相反，如图 5-20 所示。表 5-2 所示为接触约束可以选择的对象。

图 5-20　接触约束

表 5-2　接触约束可以选择的对象

接触约束	形体平面	球面	柱面	锥面	圆面
形体平面	可以	可以	可以		
球面	可以	可以		可以	可以
柱面	可以		可以		
锥面		可以		可以	可以
圆面		可以		可以	

3）偏移约束

偏移约束是确定两个选定面的外法线方向是相同还是相反，同时还可以给出两面之间的偏移距离。单击该图标，依次选择两个元素，则第一元素移动到第二元素位置，再在图形中观察两面的外法线方向，单击箭头可以使方向反向，如图 5-21 所示。

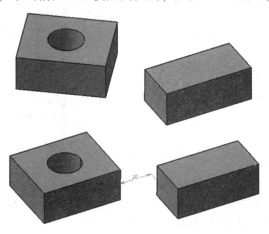

图 5-21　偏移约束

4）角度约束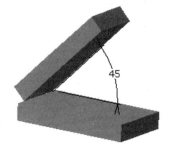

"角度约束"命令的作用是施加角度约束，约束的对象可以是直线、平面、形体表面、柱体轴线和锥体轴线。单击该图标，依次选择两几何元素，在随后弹出的对话框中输入角度值，单击"确定"按钮即可约束角度，如图5-22所示。

5）固定部件

"固定部件"是将零件固定在空间的位置。单击该图标，选择待固定的零件，即可施加固定约束。在一个产品中，至少有一个零件是固定的，通常选择机体、底座等零件作为固定零件。

图5-22 角度约束

6）固联约束

"固联约束"是将当前装配中的两个或多个零件固连在一起，使它们彼此之间相对静止，没有任何相对运动。单击该图标，依次选择固连的形体，即可施加该约束。

5.2.4 装配测量与复制

使用测量工具可以测量零件或产品中的尺寸、角度和质量。"测量"工具栏在"通用"工具栏中，在装配设计工作台和零件设计工作台中都可以使用，如图5-23所示。

"测量"工具栏中包括"测量间距""测量"项和"测量惯量"命令。

图5-23 "测量"工具栏

1）测量间距

"测量间距"命令用来测量几何元素之间的距离和角度，例如轴线与轴线间的距离、两平面之间的距离或角度等。使用这个命令测量对象时需要选择两个对象上的点、线、面等几何元素，系统将自动测量出这些几何元素之间的距离或角度。其操作过程如下：

（1）单击"测量间距"命令，弹出如图5-24所示的对话框，在此对话框中可选择5种测量定义：独立式测量、连续式测量、基线式测量、转换为单项测量、转换为测量壁厚。展开选择模式1和2窗口，分别有13种测量对象可供选择，默认选择为"任何几何图形"，也可以根据需要选择其他选项，例如，在模式1窗口中选择拾取点，在模式2窗口中选择拾取轴，则测量结果为点到轴线的距离。

（2）选择需要测量对象上的几何元素，在"测量间距"对话框上即显示距离或角度，同时在测量对象上也会显示测量结果。

图5-24 "测量间距"对话框

2）测量项

"测量项"命令用来测量一个选择对象的几何尺寸，例如，点的坐标，线的长度，弧的半径、圆心、弧长，曲面的面积，圆柱面的半径，实体的体积等。使用这个工具测量时只需选择一个对象，其测量的结果同样在"测量间距"对话框上显示。

3）测量惯量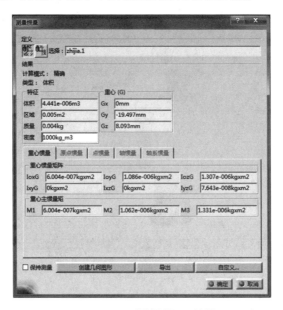

"测量惯量"命令是测量所选对象的体积、质量、重心坐标、重心惯量矩阵、重心主惯量矩等物性参数。选择要测量的零部件，单击"测量惯量"命令，弹出"测量惯量"对话框，如图 5-25 所示，在对话框中显示了所测量实体的物性参数。

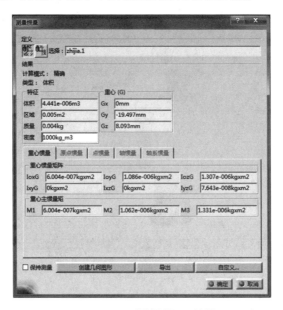

图 5-25　"测量惯量"对话框

5.3　产品装配实例

5.3.1　实例 5-1

利用"自下而上"的方式装配如图 5-26 所示的千斤顶。

图 5-26　千斤顶

装配步骤：

（1）打开 CATIA 程序，新建一个 Product 文件，鼠标放在特征树的根节点"Product"

上单击右键，选择"属性"，修改产品名称为"qianjinding"。

（2）选择特征树上的根节点"qianjinding"，单击"现有部件"命令，插入已经设计好的零件体。

（3）利用"分解"命令使叠放在一起的零件散开，如图 5-27 所示。

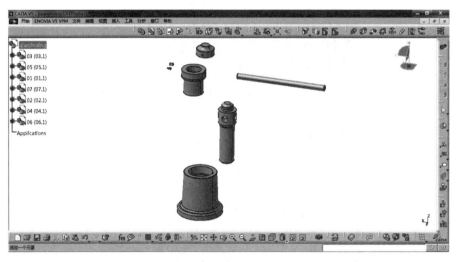

图 5-27　插入零件体

（4）选择 01 零件，单击"固定"命令 🔩 将零件固定。

（5）单击"相合约束"命令 ⊘，先选择零件 02 的轴线，再选择零件 01 的轴线，完成同轴约束；单击"接触约束"命令 🔘，先选择零件 02 凸台下表面，再选择零件 01 凸台上表面，完成面接触约束，单击"更新"按钮 🔄，结果如图 5-28 所示。

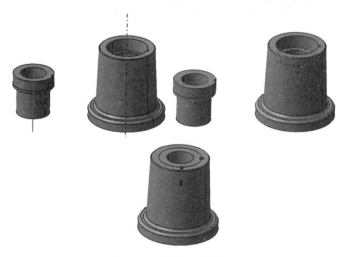

图 5-28　零件 02 的约束

（6）单击"相合约束"命令 ⊘，先选择零件 03 的轴线，再选择零件 01 的轴线，完成同轴约束；单击"相合约束"命令 ⊘，先选择零件 03 的上表面，再选择零件 01 的上表面，完成面相合约束，单击"更新"按钮 🔄，结果如图 5-29 所示。

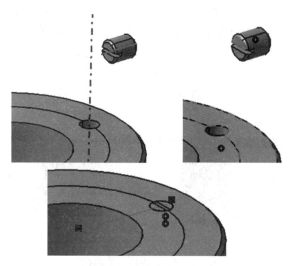

图 5-29　零件 03 的约束

（7）单击"相合约束"命令 ⚙，先选择零件 04 的轴线，再选择零件 01 的轴线，完成同轴约束；单击"相合约束"命令 ⚙，先选择零件 04 的凸台下表面，再选择零件 02 的凸台上表面，完成面相合约束，单击"更新"按钮 ⚙，结果如图 5-30 所示。

图 5-30　零件 04 的约束

（8）单击"相合约束"命令 ⚙，先选择零件 07 的轴线，再选择零件 04 上端任意一组孔的轴线，完成同轴约束，单击"更新"按钮 ⚙，如果零件 07 未穿入零件 04 的孔中，可以使用罗盘沿零件 07 的轴线移动直至穿入零件 04 孔中，如图 5-31 所示。

图 5-31　零件 07 的约束

（9）单击"相合约束"命令 🔗，先选择零件 05 的轴线，再选择零件 01 的轴线，完成同轴约束；单击"相合约束"命令 🔗，先选择零件 05 的下表面，再选择零件 04 的上表面，完成面相合约束，单击"更新"按钮 🌀，结果如图 5-32 所示。

图 5-32　零件 05 的约束

（10）单击"相合约束"命令 🔗，先选择零件 06 的轴线，再选择零件 05 上方孔的轴线，完成同轴约束，单击"更新"按钮 🌀；单击"偏移约束"命令 🔩，选择零件 06 的顶面和零件 05 的 zx 平面，在弹出的"约束属性"对话框中设置偏移距离为 −30 mm（原因是零件 05 的半径为 30 mm），方向相同，单击"更新"按钮 🌀，完成偏移约束，如图 5-33所示。

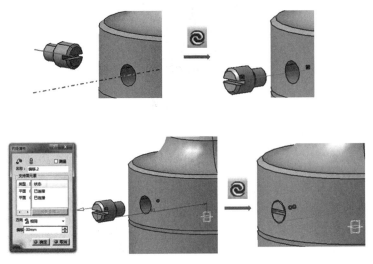

图 5-33　零件 06 的约束

（11）千斤顶的装配效果如图 5-34 所示。

图 5-34　装配好的千斤顶

5.3.2　实例 5-2

利用"自下而上"的方式装配如图 5-35 所示的杠杆拉紧装置。

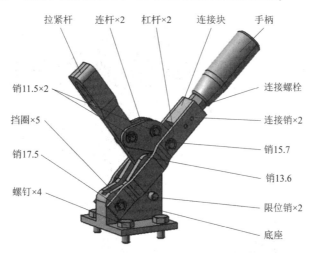

图 5-35　杠杆拉紧装置装配及零件

装配步骤：

（1）打开 CATIA 程序，新建一个 Product 文件，鼠标放在特征树的根节点"Product"上单击右键，选择"属性"，修改产品名称为"lajinzhuangzhi"。

（2）选择特征树上的根节点"lajinzhuangzhi"，单击"现有部件"命令 ⬚，出现"选择文件"窗口，如图 5-36 所示。打开零件所保存的文件夹，按下"Ctrl"键连选零件底座、螺钉、限位销后单击"打开"按钮，三个零件被添加到装配特征树上，并显示在工作界面中，利用罗盘或其他移动命令将三个零件分开，如图 5-37 所示。

（3）单击"固定"命令 ⬚，在特征树上选择底座，完成底座的固定。

（4）单击"相合约束"命令 ⬚，先选择螺钉轴线，再选择底座孔的轴线，完成同轴约束；单击"接触约束"命令 ⬚，先选择螺钉头部下表面，再选择底座座体上表面，完成两

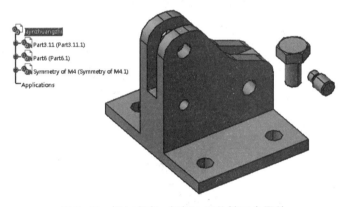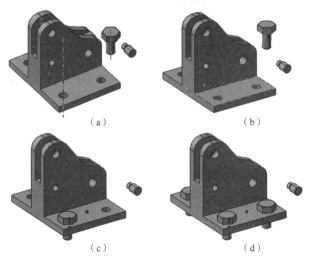

个面的约束，单击"更新"按钮 ◎，完成螺钉和底座孔的装配。利用"重复使用阵列"命令 ▦ 完成另外三个螺钉装配的复制，如图 5-38 所示。

图 5-36　选择文件对话框

图 5-37　插入底座、螺钉、限位销三个零件

图 5-38　螺钉和底座孔的装配

（a）同轴约束；（b）面接触约束；（c）更新；（d）重复使用阵列命令

（5）单击"相合约束"命令 ∅ ，先选择限位销轴线，再选择底座销孔的轴线，完成同轴约束；单击"接触约束"命令 🔲 ，先选择限位销中间端面，再选择底座销孔的表面，完成两个面的约束，单击"更新"按钮 ◎ ，完成限位销和底座销孔的装配。利用"对称"命令 📷 完成另外一个限位销的对称复制，如图 5-39 所示。

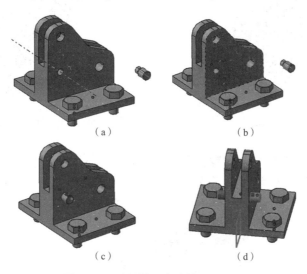

（a） （b）

（c） （d）

图 5-39 限位销和底座销孔的装配

（a）同轴约束；（b）面接触约束；（c）更新；（d）对称命令

（6）用与步骤（2）相同的方法插入杠杆和销 17.5，如图 5-40 所示。

（7）用与步骤（5）相同的方法约束杠杆和底座，并利用"对称"命令 📷 完成另外一个杠杆的对称复制，如图 5-41 所示。

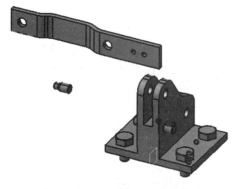

图 5-40 插入销 17.5 和杠杆

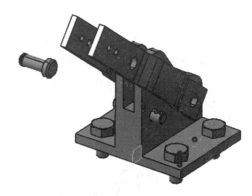

图 5-41 杠杆和底座的装配

（8）用与步骤（4）相同的方法约束销 17.5 和杠杆销孔，但不需要使用"重复使用阵列"命令，如图 5-42 所示。

（9）用与步骤（2）相同的方法插入拉紧杆和销 13.6，如图 5-43 所示。

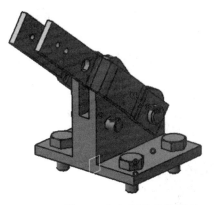

图 5-42　销 17.5 和杠杆销孔的装配

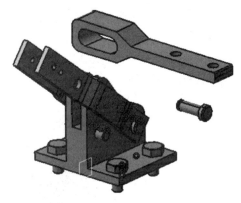

图 5-43　插入拉紧杆和销 13.6

（10）单击"相合约束"命令 🖉，先选择拉紧杆下端孔的轴线，再选择底座拉紧杆安装孔的轴线，完成同轴约束，单击"更新"按钮 🌐，结果如图 5-44 所示。

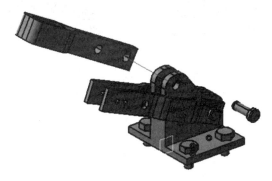

图 5-44　拉紧杆和底座的同轴约束

（11）利用"间距测量"命令 ↔ 测得底座槽宽 4.1 mm、拉紧杆壁厚 4 mm，因此，安装时要保证拉紧杆两侧与底座槽侧面各 0.05 mm 的间隙，单击"偏移约束"命令 🖉，分别选择拉紧杆与底座槽相邻两侧面，在弹出的"约束属性"对话框中，将"方向"设置为"相反"，"偏移"栏输入"0.05 mm"，单击"确定"按钮，完成偏移约束，单击"更新"按钮 🌐，结果如图 5-45 所示。

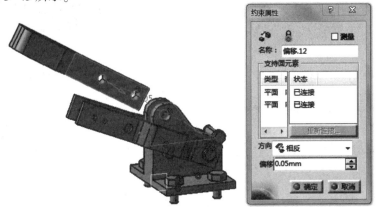

图 5-45　拉紧杆和底座的偏移约束

（12）用与步骤（4）相同的方法约束销 13.6 和底座销孔，但不需要使用"重复使用阵列"命令，单击"更新"按钮 🔄，结果如图 5-46 所示。

（13）用与步骤（2）相同的方法插入连杆、隔离套和销 11.5，如图 5-47 所示。

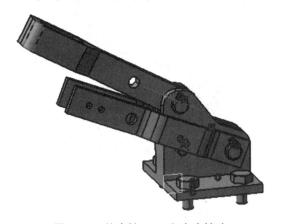

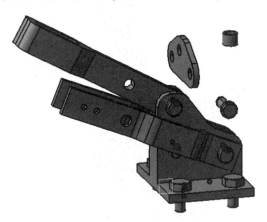

图 5-46 约束销 13.6 和底座销孔　　　图 5-47 插入连杆、隔离套和销 11.5

（14）利用"相合约束"命令 🖉 与"接触约束"命令 🞐，完成连杆中间孔与销 11.5 的约束，再用相同的操作完成隔离套与连杆中间孔的约束，单击"更新"按钮 🔄，结果如图 5-48 所示。单击"固联"命令 🖉，出现"固联"对话框，依次选择连杆、销 11.5 及隔离套，如图 5-49 所示，单击"确定"按钮，完成三个零件的固连。

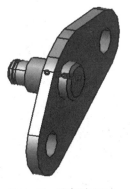

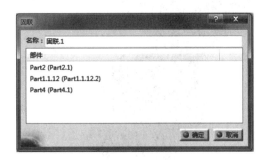

图 5-48　连杆中间孔、　　　　　　　　图 5-49　"固联"对话框
销 11.5 和隔离套的装配

（15）利用罗盘将拉紧杆绕连接销轴线旋转一定角度，放置到合适的位置，如图 5-50 所示，利用"相合约束"命令 🖉 与"接触约束"命令 🞐 将拉紧杆和连杆按照两个连接孔对齐安装在一起，如图 5-51 所示。

（16）单击"相合约束"命令 🖉，选择连杆上另一个孔的轴线与杠杆中部连接孔的轴线，完成两个孔的相合约束，单击"更新"命令 🔄，结果如图 5-52 所示。单击"对称"命令 🞯，完成连杆的对称复制，如图 5-53 所示。

图 5-50　利用罗盘旋转拉紧杆

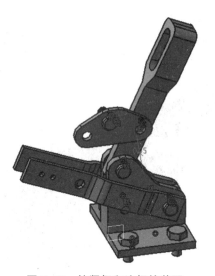

图 5-51　拉紧杆和连杆的装配

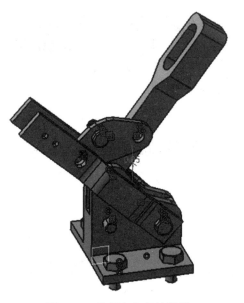

图 5-52　连杆与杠杆的装配

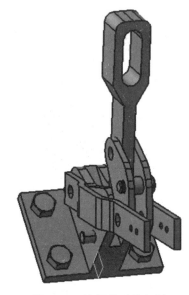

图 5-53　连杆的对称复制

（17）单击具有定位的"现有部件"命令 ![icon]（该命令的特点是每次插入一个零件，插入时即可添加"相关约束"命令 ![icon]，这一步也可用"现有部件"命令插入零件），再选择特征树上的根节点"lajinzhuangzhi"，插入销 15.7。在弹出的"智能移动"对话框中勾选"自动约束创建"，将相合约束调至顶层，在对话框的"预览"窗口中选择销的轴线，在操作界面中选择要与销配合的杠杆上孔的轴线，如图 5-54 所示，单击"确定"按钮，完成销与杠杆的同轴约束。单击"接触约束"命令，选择销 15.7 与杠杆相接触的面，单击"更新"按钮，完成销与杠杆的接触约束，如图 5-55 所示。

（18）利用与步骤（17）相同的方法完成另一个销 15.7 与杠杆的装配，如图 5-56 所示。

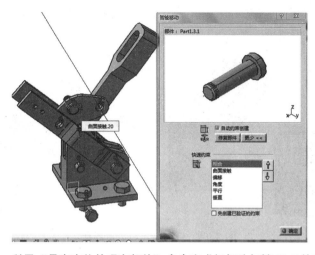

图 5-54　利用"具有定位的现有部件"命令完成杠杆孔与销 15.7 的同轴约束

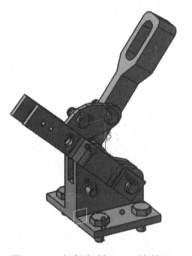

图 5-55　杠杆与销 15.7 的装配

图 5-56　杠杆与第二个销 15.7 的装配

（19）用与步骤（2）相同的方法插入连接块、连接螺杆、手柄和连接销，如图 5-57 所示。

图 5-57　插入连接块、连接螺杆、手柄和连接销

（20）利用两次"相合约束"命令 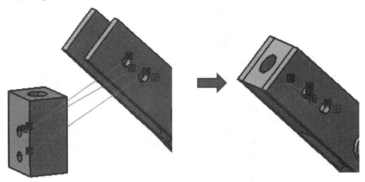 和一次"接触约束"命令 完成连接块与杠杆的约束，如图 5-58 所示。

图 5-58　连接块与杠杆的装配

（21）利用两次"相合约束"命令 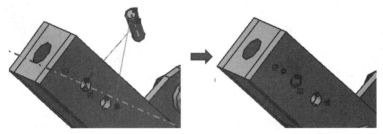，依次选择连接销的轴线和杠杆孔的轴线，并依次选择连接销的顶面和杠杆表面，单击"更新"按钮，完成连接销与杠杆的约束，如图 5-59 所示。

图 5-59　连接销与杠杆的装配

（22）单击"测量间距"命令 ，测出杠杆两个连接销孔轴线距离为 5 mm，单击"定义多实例化"命令 ，弹出"多实例化"对话框，选择连接销为要实例化的部件，"新实例"设为 1，"间距"设为 5 mm，"参考方向"选择与两孔中心线平行的棱线，单击"确定"按钮，完成连接销的复制，如图 5-60 所示。

图 5-60　利用"定义多实例化"命令复制连接销

（23）利用"相合约束"命令 🔗 和"接触约束"命令 🔲 完成连接螺杆与连接块的约束，如图 5-61 所示。

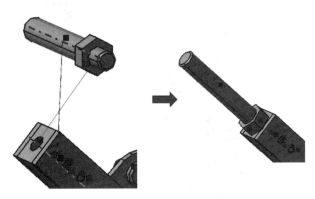

图 5-61　连接螺杆与连接块的装配

（24）利用"相合约束"命令 🔗 和"接触约束"命令 🔲 完成连接螺杆与手柄的约束，如图 5-62 所示。

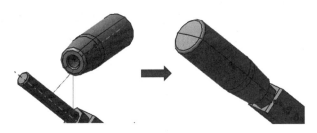

图 5-62　连接螺杆与手柄的装配

（25）用与步骤（2）相同的方法插入挡圈。

（26）利用"相合约束"命令 🔗 和"接触约束"命令 🔲 完成挡圈与销的约束，如图 5-63 所示。利用相同的方法将需要安装挡圈的所有销上安装上挡圈（共需安装 5 个挡圈），最终装配好的杠杆拉紧装置如图 5-64 所示。

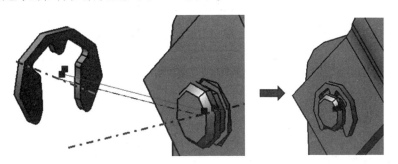

图 5-63　挡圈与销的约束

图 5-64　杠杆拉紧装置的装配

5.3.3　实例 5-3

利用"自上而下"的方式装配滚轮架装配示意图和零件图，完成滚轮架的设计和装配，如图 5-65~图 5-70 所示（螺钉型号：ISO-4766 SCREW M5X12，ISO-1207 SCREW M8X20；垫圈型号：ISO-7089 WASHER 8X16）。

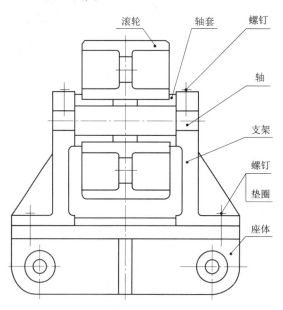

图 5-65　滚轮架装配示意图

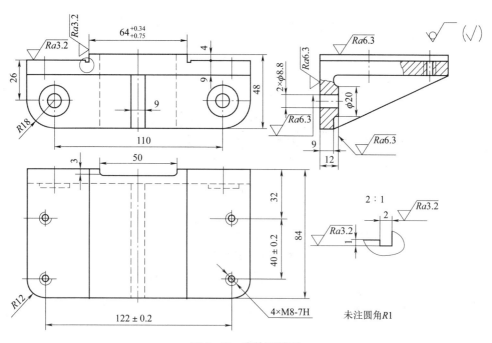

图 5-66　座体零件图

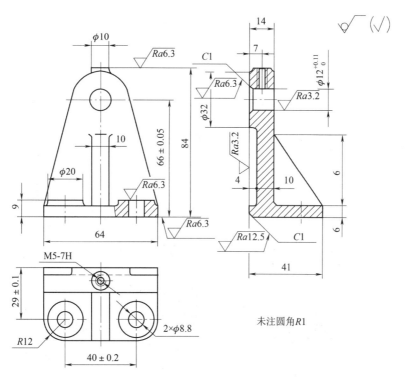

图 5-67　支架零件图

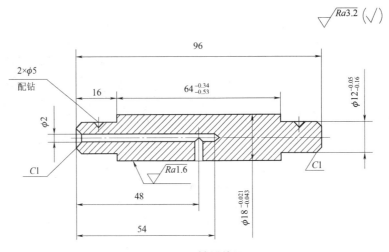

图 5-68　轴零件图

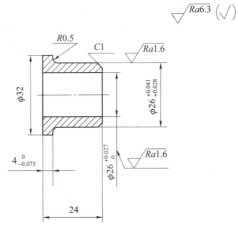

图 5-69　轴套零件图

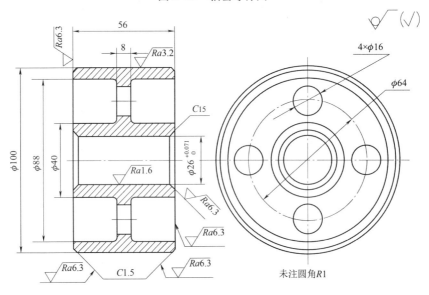

图 5-70　滚轮零件图

装配步骤：

（1）打开 CATIA 程序，单击菜单栏中"开始"—"机械设计"—"装配设计"命令，进入装配设计工作台。

（2）将鼠标移到装配特征树上的根节点"Product1"上单击右键，在弹出的"属性"对话框中修改产品零件编号为"滚轮架"，如图 5-71 所示。

（3）选择装配特征树上的根节点"滚轮架"，单击菜单栏中"插入"—"新建"命令，完成新零件的创建，并用与步骤（2）相同的方法修改实例名称为"座体"，零件编号为 01（注意零件编号不能为中文），如图 5-72 所示。

图 5-71 修改产品名称

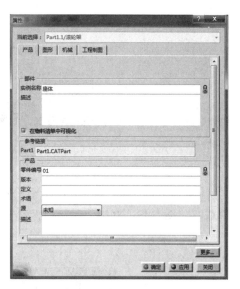

图 5-72 创建新零件 01 座体

（4）展开座体特征树，双击零件几何体，切换到零件设计工作台，根据所给出的座体零件图绘制三维实体模型，具体步骤如下：

①选择 zx 坐标平面，单击进入"草图"命令，完成座体主视图草图绘制，单击"退出草图"命令，利用"凸台"命令将草图轮廓拉伸 84 mm，再利用"倒圆角"命令选择座体支持板的两条竖边，生成半径为 12 mm 的圆角，如图 5-73 所示。

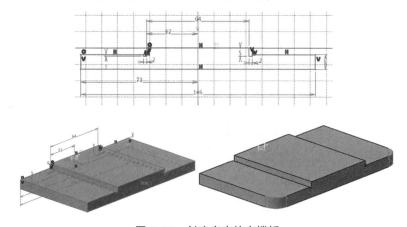

图 5-73 创建底座的支撑板

②选择 zx 坐标平面，单击进入"草图"命令 ⬜，完成座体下部安装板的草图绘制，单击"退出草图"命令 ⬆，利用"凸台"命令 ⬜ 将草图轮廓拉伸 9 mm，如图 5-74 所示。

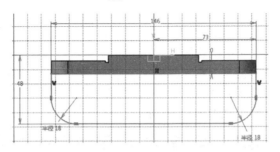

图 5-74　创建座体的下部安装板

③选择 yz 坐标平面，单击进入"草图"命令 ⬜，完成座体中间肋板的草图绘制，单击"退出草图"命令 ⬆，利用"加强肋"命令 ⬜ 生成厚度为 9 mm 的肋板，如图 5-75 所示。

图 5-75　创建座体中间肋板

④选择座体凸台表面，单击"进入草图"命令 ⬜，完成座体中间矩形槽草图绘制，单击"退出草图"命令 ⬆，利用"凹槽"命令 ⬜ 生成从上到下的通槽，如图 5-76 所示。

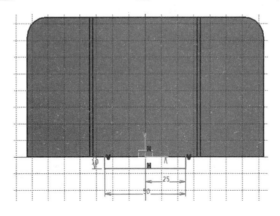

图 5-76　创建座体通槽

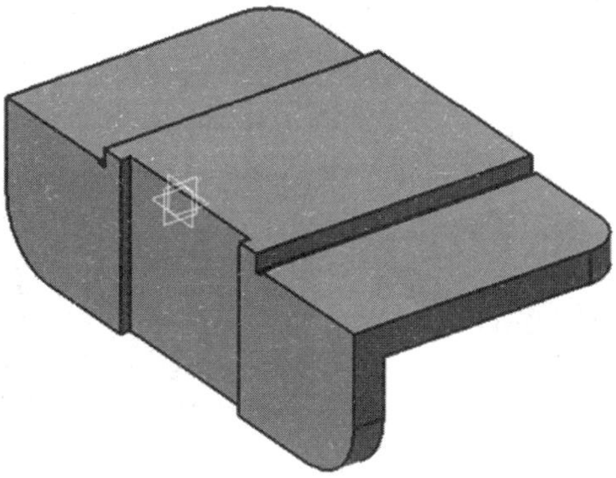

图 5-76　创建座体通槽（续）

⑤选择座体中间肋板内表面，单击“进入草图”命令，完成两个 ϕ20 mm 圆形草图的绘制，圆形草图圆心与倒角弧同心，单击“退出草图”命令，利用“凸台”命令将草图轮廓拉伸 3 mm，如图 5-77 所示。

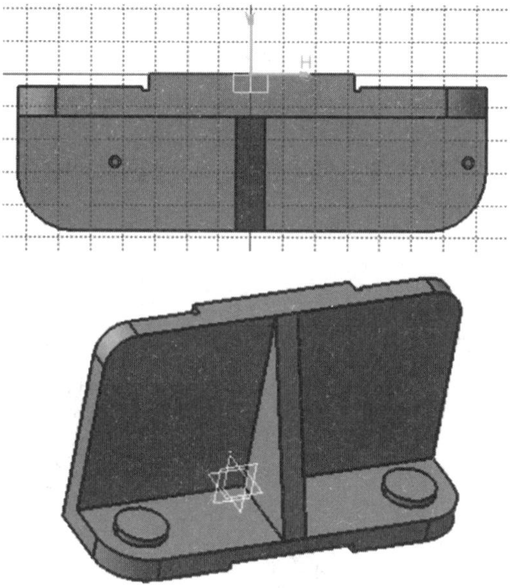

图 5-77　创建座体安装板凸台

⑥根据零件图，利用“打孔”命令和“矩形阵列”命令，分别在座体支撑板上生成 4 个 M8 的螺纹孔，在座体安装板上生成 2 个 ϕ8.8 mm 的通孔，如图 5-78 所示。

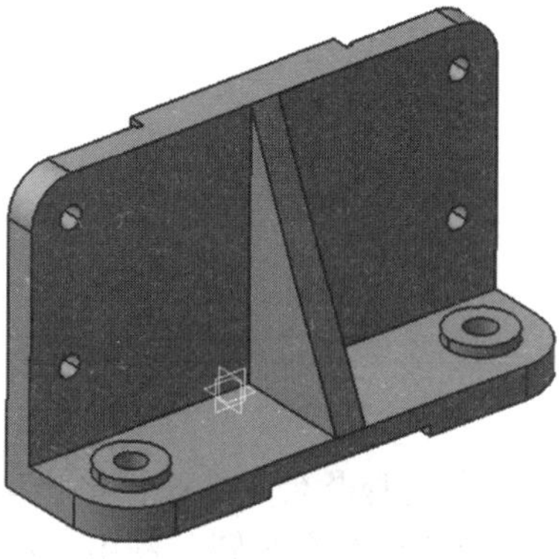

图 5-78　创建座体上的孔

（5）利用与步骤（3）相同的方法创建新零件，并修改实体名称为“支架”，零件编号为 02，展开座体特征树，双击零件几何体，切换到零件设计工作台，根据所给出的支架零件图绘制三维实体模型，具体步骤如下：

①选择座体支撑板上表面，单击“进入草图”命令

，完成支架底板的草图绘制，单击"退出草图"命令 ，利用"凸台"命令 生成 6 mm 高的支架底板，如图 5-79 所示。

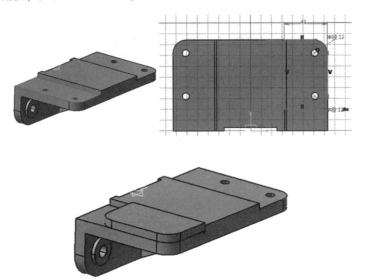

图 5-79　创建支架底板

②选择支架底边长侧面，单击"进入草图"命令 ，完成支架后面凸台的草图绘制，单击"退出草图"命令 ，利用"凸台"命令 生成 4 mm 高的支架凸台，如图 5-80 所示。

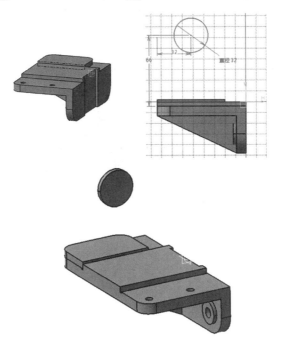

图 5-80　创建支架后面的凸台

③选择凸台左端面，单击"进入草图"命令 ，完成支架支撑板的草图绘制，单击"退出草图"命令 ，利用"凸台"命令 生成 10 mm 厚的支撑板，如图 5-81 所示。

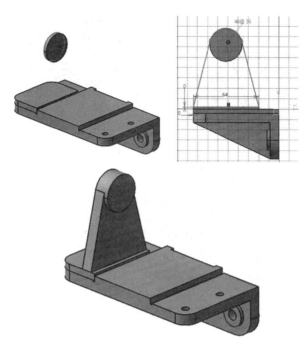

图 5-81　创建支架支撑板

④利用"创建参考平面"命令 ▱ 创建距底板前表面 32 mm 的参考平面，选择此平面，单击"进入草图"命令 ▨，完成支架肋板的草图绘制，单击"退出草图"命令 ⤒，利用"加强肋"命令 ◪ 生成厚度为 10 mm 的肋板，如图 5-82 所示。

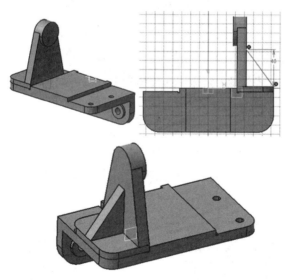

图 5-82　创建支架肋板

⑤利用"创建参考平面"命令 ▱ 创建距支架底面 84 mm 的参考平面，选择此平面，单击"进入草图"命令 ▨，完成 ϕ10 mm 圆形草图的绘制，单击"退出草图"命令 ⤒，利用"凸台"命令 ◪ 生成凸台，如图 5-83 所示。

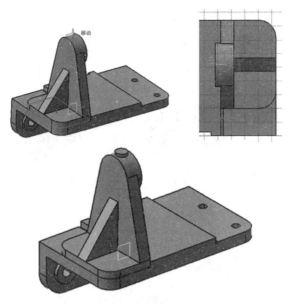

图 5-83　创建凸台

⑥利用"孔"命令🔲，在步骤⑤创建的凸台上打一个 M5 的螺纹孔，在支撑板上打一个 φ12 mm 的埋头孔，如图 5-84 所示。

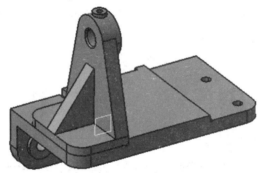

图 5-84　创建孔

⑦选择支架底板上表面，单击"进入草图"命令📐，完成 2 个 φ20 mm 圆形草图绘制，单击"退出草图"命令📤，利用"凸台"命令🎯将草图轮廓向前拉伸 3 mm，如图 5-85 所示。

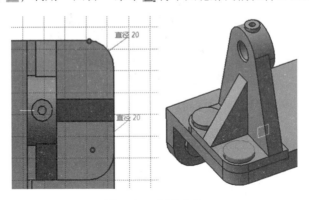

图 5-85　创建凸台

⑧根据零件图，利用"打孔"命令 ⊙ 和"矩形阵列"命令 ⊞，分别在支架底板凸台上生成 2 个 φ8.8 mm 的通孔，如图 5-86 所示。

（6）利用与步骤（3）相同的方法创建新零件，并修改实体名称为"轴"，零件编号为 03，展开座体特征树，双击零件几何体，切换到零件设计工作台，根据所给出的轴零件图绘制三维实体模型，具体步骤如下：

①选择在步骤（5）—④中创建的参考平面，单击"进入草图"命令 ⊿，完成轴的草图绘制，单击"退出草图"命令 ⬆，利用"旋转体"命令 ⊛ 生成轴，如图 5-87 所示。

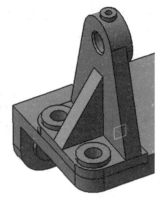

图 5-86　创建两个通孔

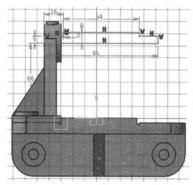
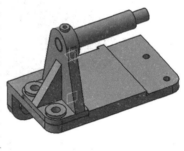

图 5-87　创建轴

②利用"孔"命令 ⊙，在轴的左端面中心处打一个 φ2 mm 的孔，深度为 54 mm，选择支座上表面，在轴线的中点处打一个 φ2 mm 的孔，与前一个孔垂直并相通，如图 5-88 所示（为看清所打孔，图中所展示为轴剖面图）。

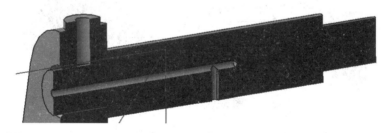

图 5-88　在轴上创建两个孔

（7）利用与步骤（3）相同的方法创建新零件，并修改实体名称为衬套，零件编号为 04，展开座体特征树，双击零件几何体，切换到零件设计工作台，根据所给出的衬套零件图绘制三维实体模型，具体步骤如下：

选择在步骤（5）—④中创建的参考平面，单击"进入草图"命令 ⊿，完成衬套的草图绘制，单击"退出草图"命令 ⬆，利用"旋转体"命令 ⊛ 生成衬套，如图 5-89 所示。

（8）利用与步骤（3）同样的方法创建新零件，并修改实体名称为"滚轮"，零件编号为 05，展开座体特征树，双击零件几何体，切换到零件设计工作台，根据所给出的衬套零件图绘制三维实体模型，具体步骤如下：

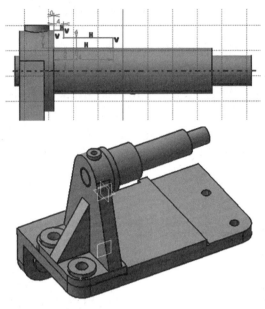

图 5-89　创建衬套

①选择在步骤（5）—④中创建的参考平面，单击"进入草图"命令 ◢，完成滚轮的草图绘制，单击"退出草图"命令 ◰，利用"旋转体"命令 ● 生成滚轮，如图 5-90 所示。

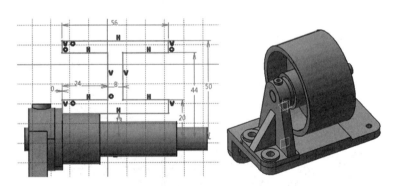

图 5-90　创建滚轮

②选择轮辐平面，利用"打孔"命令 ▣ 和"圆形阵列"命令 ❖ 生成均匀分布的 4 个 $\phi16$ mm 圆，如图 5-91 所示。

（9）双击特征树上根目录滚轮架，切换到装配设计工作台，在特征树上选择支架，单击"对称"命令 ❖，选择中心对称平面，完成支架的对称复制，用同样的方法完成衬套的对称复制，如图 5-92 所示（为看清楚支架和衬套的对称，将滚轮隐藏）。

图 5-91　创建轮辐上的孔

图 5-92　对称复制支架和衬套

（10）利用"测量间距"命令 ⬄ 测量出轴上紧固螺钉孔中心距轴端面的距离为 9 mm，如图 5-93 所示，两凸台轴线间的距离为 78 mm，如图 5-94 所示。

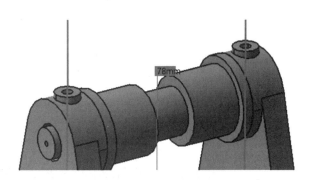

图 5-93　测量轴端面与
凸台轴线间的距离

图 5-94　测量两凸台轴线间的距离

（11）在特征树上双击轴的零件，切换到零件设计工作台，选择支架的对称平面，单击"进入草图"命令 ⬚，完成配钻锥孔的草图绘制，单击"退出草图"命令 ⬚，利用"旋转槽"命令 ⬚ 生成配钻锥孔，如图 5-95 所示，利用"矩形阵列"命令在轴的另一端打相同的孔，如图 5-96 所示。

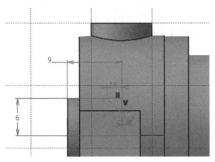

图 5-95　创建配钻锥孔

图 5-96 阵列配钻锥孔

（12）利用"插入标准件"命令 ，在弹出的"目录浏览器"对话框中选择题中给出的标准件型号，例如，螺钉 ISO-4766 SCREW M5×12，选择"Screws"，选择"ISO-4766"并双击确认，选择"M5×12"并双击确认，如图 5-97 所示。单击"目录"对话框下面的"确定"按钮，如图 5-98 所示，完成 M5×12 螺钉的插入。单击"相合约束"命令，选择螺钉轴线和轴上锥孔轴线，单击"接触约束"命令，选择螺钉锥面和轴上锥孔锥面，完成螺钉的安装，如图 5-99 所示。其他型号的标准件用同样的方法进行装配，最终完成滚轮架的设计装配，如图 5-100 所示。

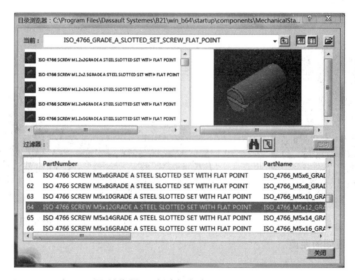

图 5-97 在"目录浏览器"中选择螺钉 ISO-4766 SCREW M5X12

图 5-98 插入螺钉 ISO-4766 SCREW M5X12

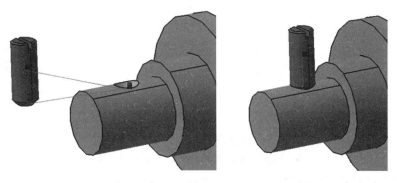

图 5-99　装配螺钉 ISO-4766 SCREW M5×12

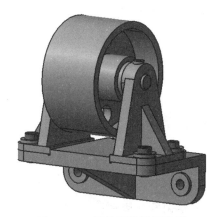

图 5-100　滚轮架的设计装配

5.4　实战练习

（1）图 5-101 所示为球笼式万向节的结构图，利用所给零件，完成球笼式万向节的装配。

（2）图 5-102 所示为阀门的结构图，利用所给零件，完成阀门的装配。

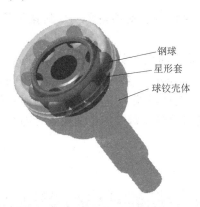

图 5-101　球笼式万向节结构图

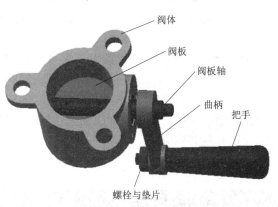

图 5-102　阀门结构图

第6章
曲面造型设计实例

知识要点 ▶▶ ▶

1. 线框元素生成工具功能；
2. 曲面创建工具功能；
3. 曲面操作工具功能。

能力要求 ▶▶ ▶

1. 能使用线框元素生成工具绘制常用曲线；
2. 能使用曲面创建工具绘制常规曲面；
3. 能使用曲面操作对已有曲面进行编辑修改。

相关知识 ▶▶ ▶

1. 圆弧曲线创建、圆角、二次曲线、样条线、空间螺旋线、平面螺旋线、3D 投影、混合曲线、反射线、相交曲线、平行曲线等；

2. 拉伸曲面、旋转曲面、球面、柱面、偏移、可变偏移、扫掠、填充、多截面曲面、桥接曲面、适应性扫掠等；

3. 曲面修补及曲线光顺、曲面分割与修剪、曲面曲线提取、曲面圆角、外插延伸等。

CATIA 软件曲面设计功能强大，为用户提供了创成式曲面设计（Generative Sheetmetal Design）、自由曲面设计（Free Style）、草绘（Sketch Tracer）、数字曲面设计（Digitized Shape Editor）等多种曲面设计功能。本章以创成式曲面设计模块为基础，叙述创建各种曲线的方法，通过实例详细说明如何创建常规曲面及常规曲面的编辑操作，使读者能熟练掌握创建曲面的几种基本方法。

6.1 曲面设计概述

基本曲面设计过程中常用到线框与曲面设计（Wireframe and Surface Design）和创成式

外形设计（Generative Sheetmetal Design）两个工作台。线框与曲面设计工作台是最基本的曲面设计工作台，在创成式外形设计及自由曲面设计里也涵盖有该工作台中的大部分曲面命令。创成式曲面设计简称 GSD，具有非常完整的参数化曲线和曲面创建工具，除了可以完成所有曲线操作外，还可以完成"拉伸旋转""偏移""扫掠""填充""桥接"和"放样"等曲面的创建。它包含曲面的"修剪""分割""结合"及"倒角"等常用编辑工具，连续性最高能达到 G2，能生成封闭片体，并对包络体进行编辑，实现普通三维 CAD 软件的曲面造型功能。

本部分将着重介绍创成式外形设计工作台的显示界面。

6.1.1 线框与曲面设计工作台

通过选择"开始"—"机械设计"—"线框和曲面设计"命令，可进入线框与曲面工作台，如图 6-1 所示，其中包括"线框""曲面""操作""草图""选择""已展开外形"等工具栏。

图 6-1 线框和曲面设计窗口

6.1.2 创成式外形设计工作台

选择"开始"—"形状"—"创成式外形设计"命令，在系统弹出的"新建零部件"对话框中键入零件号，单击"确定"按钮进入创成式外形设计工作台，如图 6-2 所示。

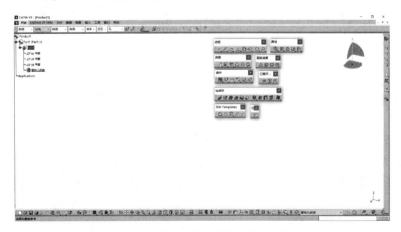

图 6-2 创成式外形设计工作台界面

6.1.3 曲面造型设计的一般过程

曲面造型设计的一般过程如图 6-3 所示。首先可以通过"自上而下"或"自下而上"的方式新建一个零件，然后进入 WSF 或 GSD 工作台中进行曲面设计，利用 Sketcher 中的命令创建平面线架的特征，并利用已经创建好的平面线架形成三维线架，再根据三维线架形成曲面，最后通过"修改""组合""偏置"等命令生成零件实体。

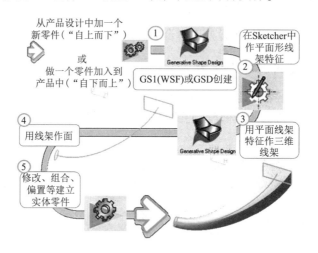

图 6-3 曲面造型设计的一般过程

6.2 曲面设计工具栏介绍

由于篇幅限制，本部分简要介绍生成线框元素工具栏、曲面创建工具栏与曲面操作工具栏的功能。

6.2.1 生成线框元素的工具栏

图 6-4 所示为生成线框元素的"Wireframe"及其下级工具栏。生成线框元素的工具包括点、线、面、投影、相交、平行曲线、样条线等，其中点、直线、面等基本元素已在前面介绍，本部分主要介绍圆/圆弧、样条线、螺旋曲线、圆锥曲线、曲线圆角、曲线桥接、平行曲线、空间偏移曲线、投影曲线、混合曲线、反射线等各种常见曲线的创建命

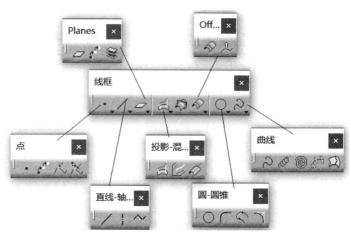

图 6-4 "Wireframe"及其下级工具栏

令，具体功能如表 6-1 所示。

表 6-1　生成线框元素工具简介

名称	图标	功能简介
圆弧		圆弧曲线是进行曲面设计中经常用到的一种重要曲线。CATIA 创成式外形设计模块（GSD）中提供了两种方法：第一种是通过草图功能；第二种是通过线框工具栏中的圆弧功能。此处讲解第二种方法，包括 8 种方式： （1）由圆心和半径确定圆； （2）由圆心和点确定圆； （3）由圆弧上两点和半径确定圆； （4）由圆弧上三点确定圆； （5）由双切线和半径确定圆； （6）由双切线和点确定圆； （7）由三切线确定圆； （8）由圆心和切线确定圆
圆角		可创建两曲线间的圆角和点与曲线间的圆角
生成连接曲线		生成与两条曲线连接的曲线，并且可以控制连接点处的连续性
二次曲线		根据 Parameter（参数）的不同，可以创建抛物线（Parameter＝0.5）、椭圆（0<Parameter<0.5）或者是双曲线（Parameter>0.5）
样条线		把一些已知点加在已知点所处的切线方向上，连接得到的曲线就是样条线
空间螺旋线		空间螺旋线（在弹簧等零件的设计中经常用到）； 等螺距圆柱螺旋线及圆锥螺旋线； 变螺距螺旋线（法则曲线应用）； 指定轮廓螺旋线
平面螺旋线		在卷簧等零件设计中会使用到，有角度和半径、角度和螺距、半径和螺距三种创建平面螺旋线的方式
脊线		脊线是一条垂直于一系列平面或者平面曲线的曲线。脊线在扫掠曲面、放样曲面的设计中起着重要的作用，可生成不设置起点的脊线，并可通过设置起点的脊线或通过两条引导线生成脊线
投影		投影功能是生成一个元素（点、直线或曲线的集合）在另一个元素（曲线、平面或曲面）上的投影。一般分为两种情况： （1）一个点投影到直线、曲线或曲面上； （2）点和线框混合元素投影到平面或曲面上
混合		混合曲线是指空间的两条曲线，沿着分别指定的方向拉伸生成曲面，两个曲面的交线就是所求的混合曲线。生成混合曲线时有两种类型：一种是默认为法向；另一种是指定空间两条曲线的拉伸方向

续表

名称	图标	功能简介
反射线		所有在给定曲面上的法线方向与给定方向的夹角是给定角度值的点的集合。反射线有两种类型：一种是圆柱形，另一种是二次曲线
相交		该功能是生成两个元素之间的相交部分。例如两条相交直线生成一个交点、两个相交平面（曲面）生成一条直线（曲线）等。相交元素大致包括以下四种： （1）线框元素之间； （2）曲面之间； （3）线框元素和一个曲面之间； （4）曲面和拉伸实体之间
平行曲线		该功能是在基础面上生成一条或多条与给定曲线平行（等距离）的曲线
平移 3D 曲线		该功能可创建三维曲线沿某方向的偏移曲线

6.2.2　曲面的创建工具栏

线架构与曲面造型两种工具是相互的，复杂的线架构需要由曲面辅助才能完成，而曲面也需要以线架构为基础来建立。本部分将介绍 GSD（Generative Shape Design）工作台所包含的曲面造型工具，生成曲面的工具栏如图 6-5 所示，其共有 12 个图标，如表 6-2 所示给出了曲面生成工具简介。

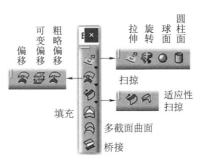

图 6-5　曲面生成工具栏

表 6-2　曲面工具简介

名称	图标	功能简介	名称	图标	功能简介
拉伸		通过曲线生成拉伸曲面	粗略偏移		利用粗略偏移生成的曲面与参考面间允许有偏差
旋转		通过曲线生成旋转曲面	扫掠		把轮廓线沿着一条空间曲线扫描成曲面

续表

名称	图标	功能简介	名称	图标	功能简介
球面		生成球面	适应性扫掠		利用沿着导引曲线约束下的隐形轮廓生成扫描曲面
圆柱面		生成圆柱曲面	填充		填充曲面间的空隙
偏移		让曲面沿着法向量等距偏移建立新的曲面	多截面曲面		利用不同轮廓以渐进方式生成连接曲面
可变偏移		让曲面沿着法向量非等距偏移建立新的曲面	桥接		可用于连接两个独立的曲面或曲线

6.2.3 曲面操作工具栏

CATIA 除了具备创建线架构和曲面的功能外，还具备强大的曲面修改功能，本部分将介绍曲面曲线的修补、分割与修剪和曲面倒角等功能，位置变换与实体变换操作基本相同。CATIA 操作工具栏如图 6-6 所示，各命令的功能简介如表 6-3 所示。

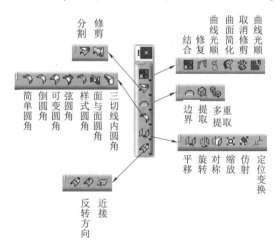

图 6-6 曲面操作工具栏

表 6-3 曲面操作命令简介

名称		图标	功能简介
曲面修补及曲线光顺	结合		将几个几何图形元素合并成一个新的对象
	修复		可修补曲面间的微小间隙
	取消修剪		将经分割操作的几何元素恢复到原状态
	拆解		将原先合并在一起的几何元素拆解
	曲线光顺		改变曲线的平滑程度

续表

名称		图标	功能简介
分割与修剪	分割		通过线、曲面分割曲面及曲线元素，也可通过点分割曲线
	修剪		修剪两个曲面或曲线元素
边线与实体表面提取	边界		提取曲面边界
	提取		提取图形的基本几何元素，如曲面、曲线、点等
	多重提取		同时提取几何图形的不同几何元素
曲面圆角	简单圆角		对两个曲面进行倒角
	倒圆角		对曲面的棱边进行倒角
	可变圆角		对曲面棱边进行变半径倒角
	弦圆角		指定圆角弦长的圆角
	样式圆角		创建不同样式的圆角
	面与面圆角		对同一曲面上的两个面倒角
	三切线内圆角		在三个曲面内进行倒角
转换	平移		沿某一方向平移曲面到新位置
	旋转		绕某一轴线旋转移动曲面到新位置
	对称		对称移动曲面到关于基准面对称的位置
	缩放		按比例放大或缩小几何特征
	仿射		自行建立一个坐标系统，并可对曲面沿着该坐标系统下的 X、Y、Z 轴方向进行不等比例的缩放
	定位变换		将几何图形的位置从一个坐标系统转换到另一个坐标系统下
外插延伸	外插延伸		以曲面边界外延形成曲面
	反转方向		改变曲线和曲面的作用方向
	近接		选取距离所选元素最近的实体

6.3 曲面设计实例

6.3.1 实例6-1

创建如图6-7所示的鼠标A壳曲面。

该模型设计过程运用了"扫掠""拉伸曲面""分割""修剪""多重提取""提取""拉伸3D偏移曲面""曲面倒圆角"等命令。

曲面创建的步骤如下：

（1）运行软件，选择"开始"→"形状"→"创成式曲面设计"命令，进入创成式工作台。

图6-7 鼠标A壳曲面

（2）以 zx 平面为草图平面创建草图.1，如图6-8（a）所示，偏移 yz 平面28 mm创建平面1，以平面1为草图平面创建草图.2，如图6-8（b）所示。

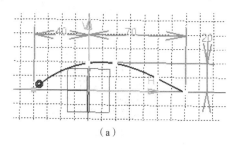
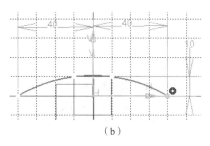

（a）   （b）

图6-8 创建草图.1、草图.2

（a）草图.1；（b）草图.2

（3）利用"扫掠"工具，选择"轮廓"类型作为使用的参考曲线，"轮廓"用草图.2，"引导曲线"选择草图.1，其余默认，对话框设置如图6-9（a）所示，生成如图6-9（b）所示的扫掠曲面。

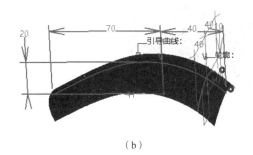

（a）   （b）

图6-9 生成扫掠曲面

（a）对话框；（b）扫掠曲面

（4）以 *xy* 平面为草图平面绘制草图 .3，如图 6-10（a）所示，完成后退出草图。选择"拉伸曲面"命令，"轮廓"选择所绘制草图 .4，对话框如图 6-10（b）所示，生成曲面如图 6-10（c）所示。选择 *zx* 平面为对称面，创建拉伸 1 曲面的对称曲面，如图 6-10（d）所示。

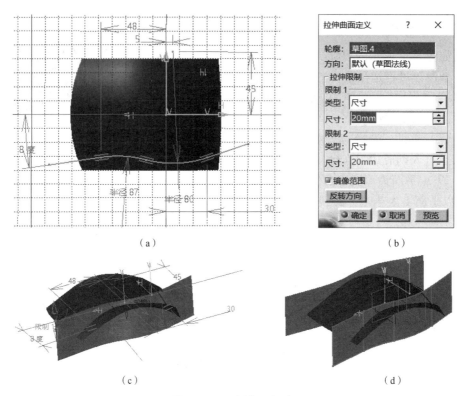

（a）   （b）

（c）   （d）

图 6-10　两侧曲面创建

（a）草图 .3；（b）"拉伸曲面定义"对话框；（c）拉伸曲面；（d）对称曲面

（5）创建两端曲面。以 *xy* 平面为草图平面，创建草图 .5 和草图 .6 用于拉伸形成两端曲面，草图如图 6-11（a）和图 6-11（b）所示，拉伸曲面对话框设置如图 6-11（c）所示，拉伸后曲面如图 6-11（d）所示。

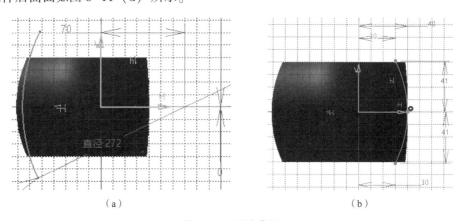

（a）   （b）

图 6-11　两端曲面

（a）草图 .5；（b）草图 .6

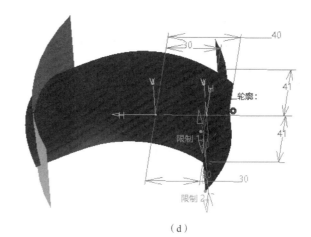

（c） （d）

图6-11 两端曲面（续）

（c）"拉伸曲面定义"对话框；（d）拉伸曲面3、4

（6）利用"分割"和"修剪"命令，将曲面由图6-12（a）修剪为如图6-12（b）所示曲面。

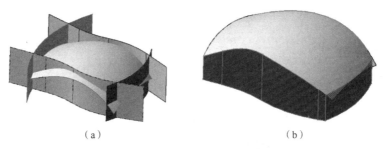

（a） （b）

图6-12 鼠标曲面轮廓修剪

（a）修剪前曲面；（b）修剪后曲面

（7）利用"多重提取"命令提取上表面侧边线，对话框如图6-13（a）所示，提取结果如图6-13（b）所示。

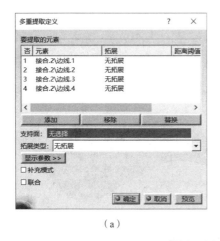

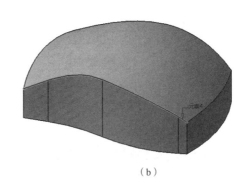

（a） （b）

图6-13 提取顶面侧边线

（a）"多重提取定义"对话框；（b）多重提取结果

（8）利用"两次外插延伸"命令对提取曲线两端进行外插延伸，对话框如图 6-14（a）所示。利用"3D 曲线偏移"命令对外插延伸曲线进行偏移，对话框设置如图 6-14（b）所示，结果如图 6-14（c）所示。

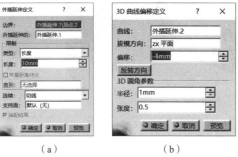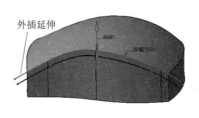

（a）　　　　　　　　　　　（b）　　　　　　　　　　　（c）

图 6-14　生成顶面侧边线的 3D 偏移曲线

（a）"外插延伸定义"对话框；（b）3D 曲线偏移定义；（c）3D 曲线偏移结果

（9）拉伸 3D 偏移曲面，分割鼠标曲面所有侧面。"拉伸曲面定义"对话框如图 6-15（a）所示，拉伸曲面结果如图 6-15（b）所示，利用拉伸曲面分割鼠标曲面，初步形成鼠标 A 壳曲面，如图 6-15（c）所示。

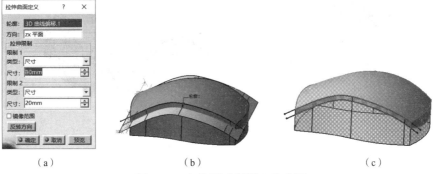

（a）　　　　　　　　　　　（b）　　　　　　　　　　　（c）

图 6-15　初步形成鼠标 A 壳曲面

（a）"拉伸曲面定义"对话框；（b）拉伸曲面；（c）分割曲面

（10）利用"倒圆角"命令将曲面轮廓进行倒角，对话框设置如图 6-16（a）所示，倒角边线如图 6-16（b）所示。

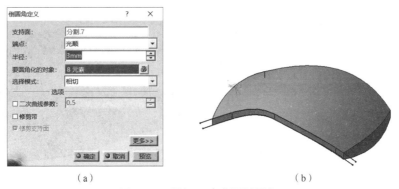

（a）　　　　　　　　　　　　　　　　　　（b）

图 6-16　鼠标 A 壳曲面倒圆角

（a）"倒圆角定义"对话框；（b）倒角边线

（11）利用"提取"命令提取鼠标曲面前端面倒角边线，如图6-17（a）所示，对提取边线进行两端外插延伸，然后利用外插延伸曲线对鼠标曲面前端面进行分割，分割后曲面如图6-17（b）所示。

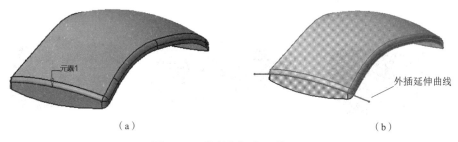

（a）　　　　　　　　　　　　　　　（b）

图 6-17　分割鼠标曲面前端面

（a）提取倒角边线；（b）分割曲面

（12）以 *xy* 平面为草图平面创建草图.10，即长轴 15 mm、短轴 8 mm 的椭圆，如图6-18（a）所示。利用投影命令将椭圆投影到鼠标曲面上，如图6-18（b）所示，然后利用"分割"命令在曲面上开孔，对话框设置如图6-19（a）所示，"要切除的元素"选择鼠标曲面，"切除元素"选择投影椭圆轮廓线，结果如图6-19（b）所示。为了显示清楚，可更改曲面颜色，实际操作中不影响结果。

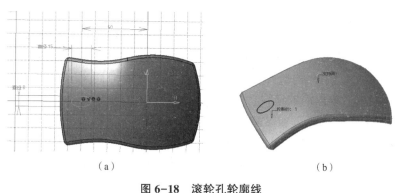

（a）　　　　　　　　　　　　　　　（b）

图 6-18　滚轮孔轮廓线

（a）草图.10；（b）投影椭圆到曲面

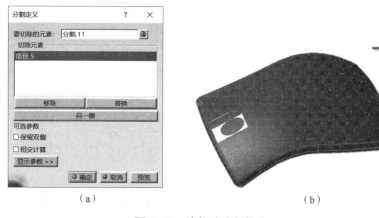

（a）　　　　　　　　　　　　　　　（b）

图 6-19　滚轮孔分割操作

（a）"分割定义"对话框；（b）滚轮孔分割

（13）鼠标左右键之间切槽操作可以用与生成滚轮孔相同的操作方法，也可采用以下方法：以 xy 平面为草图平面，建立如图 6-20（a）所示草图轮廓，拉伸草图形成曲面，如图 6-20（b）所示，用拉伸曲面分割鼠标曲面，即得到最终的鼠标 A 壳曲面，如图 6-20（c）所示。

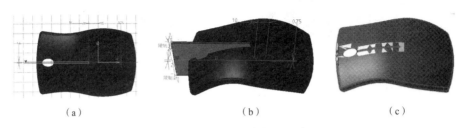

（a）　　　　　　　　　（b）　　　　　　　　　（c）

图 6-20　鼠标 A 壳曲面生成

（a）草图轮廓；（b）拉伸曲面；（c）分割曲面

6.3.2　实例 6-2

利用线框及草图构建线框轮廓，完成饮料瓶的曲面造型设计。

曲面创建步骤如下：

（1）运行软件，选择"开始"—"形状"—"创成式曲面设计"命令，进入创成式工作台，新建零件"part"，命名为"bottle"。

（2）单击"插入"—"新建"—"几何图形集"命令 🗔，命名为"bottom"。

（3）在特征树上选择"bottom"几何图形集，然后选择 yz 平面，单击"草图"命令 🗹。

（4）在草图中，利用"构造元素"命令 🗔，构造平行且距离 H 轴为 4 mm 的直线，如图 6-21 所示，完成后再取消构造线功能。

（5）单击草图中"圆弧"命令 🗔，构造半径为 R50 mm、圆心在 V 轴上的圆弧，然后再绘制与 R50 mm 圆弧相切的 R60 mm 圆弧，同时约束 R60 mm 圆弧与 H 轴相切；绘制 R8 mm 的圆弧，约束其与 R60 mm 圆弧相切；绘制 R175 mm 的圆弧，约束其与 R8 mm 圆弧相切。如图 6-22 所示。

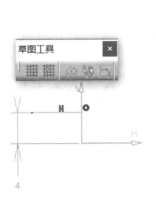

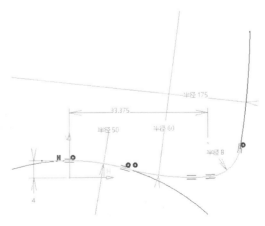

图 6-21　绘制参考直线　　　　　图 6-22　利用"圆弧"命令完成多圆弧

（6）用"直线"命令 ◢ 绘制竖直直线，同时约束其与 R175 mm 圆弧相切，并约束其与 V 轴距离为 43.75 mm，直线端点到 H 轴的距离为 52 mm，如图 6-23 所示，然后单击"退出草图"命令 🔝。

（7）以 yz 平面为草图平面新建草图，用"圆弧"命令绘制圆弧，圆心和起点也均在 V 轴上。约束圆弧半径为 57 mm，圆心到 H 轴距离为 60 mm，远端端点距 V 轴的距离为 50 mm，如图 6-24 所示，然后单击"退出草图"命令 🔝。

（8）单击"相交"命令 🔄，求解 zx 平面与 yz 平面的交线，命名为"Z 轴"，如图 6-25 所示。

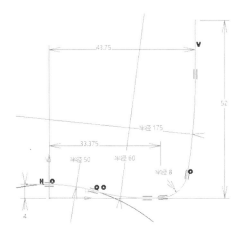

图 6-23　竖直直线绘制

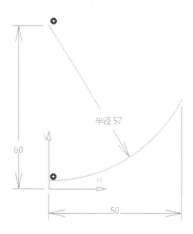

图 6-24　R57 mm 圆弧绘制

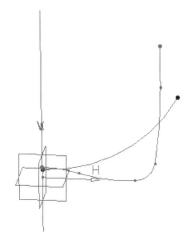

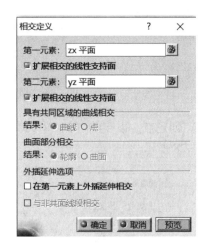

图 6-25　zx 平面与 yz 平面的交线

（9）单击"相交"命令 🔄，求取交线"Z 轴"与步骤（7）中草图曲线的交点，然后以该交点为参考点，在 zx 平面上创建点"圆心"，如图 6-26（b）所示。

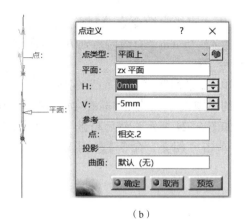

（a）   （b）

图 6-26　创建交点与圆心点

（a）交点创建；（b）圆心点创建

（10）创建圆弧。单击"圆"命令 ◯，选择步骤（9）中创建的"圆心"作为中心，交点作为圆上的点，按照如图 6-27（a）所示对话框设置，得到如图 6-27（b）所示的圆弧。

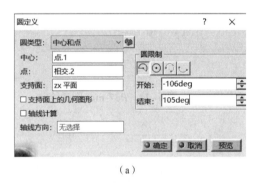
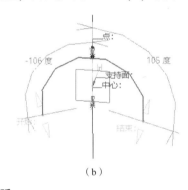

（a）   （b）

图 6-27　创建圆弧

（a）"圆"命令设置；（b）创建圆弧

（11）创建点。以步骤（9）中的交点为参考点，在 zx 平面上创建点，对话框设置与结果如图 6-28 所示。

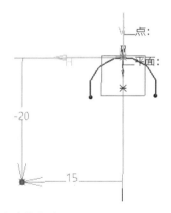

图 6-28　zx 平面上点的创建

（12）创建步骤（10）中曲线的切线。单击"直线"命令 ▨，选择步骤（11）中得到的点作为元素 2，按照图 6-29（a）所示设置对话框，结果如图 6-29（b）所示。

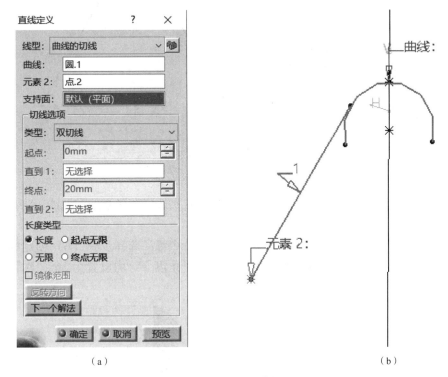

（a）　　　　　　　　　　　　　　　　（b）

图 6-29　曲线切线的创建

（a）曲线切线对话框设置；（b）曲线切线

（13）创建切线的对称线。单击"对称"命令 ▨，选择"Z 轴"为对称参考线，作步骤（12）创建切线的对称线，如图 6-30 所示。

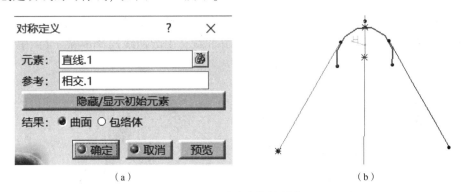

（a）　　　　　　　　　　　　　　　（b）

图 6-30　对称直线的创建

（a）对话框设置；（b）对称直线

（14）曲线分割。单击"分割"命令 ▨，要切除的元素选择步骤（10）中创建的圆弧，切除元素选择步骤（12）中创建的切线和步骤（13）创建的对称线，设置如图 6-31（a）所示，单击"预览"查看创建曲线的形状，直至曲线如图 6-31（b）所示，即曲线分割完成。

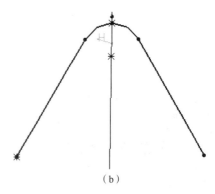

（a） （b）

图 6-31　对称曲线分割

（a）"定义分割"对话框设置；（b）切割完成的曲线

（15）合并分割曲线。单击"合并"命令 ，依次选择两条直线和曲线，将两条直线和分割后的圆弧合并。

（16）瓶底旋转曲面创建。单击"旋转曲面"命令 ，选择步骤（6）创建的草图曲线作为扫掠轮廓，以"Z 轴"为旋转轴线，"角度 1""角度 2"均设置为 36°，对话框及旋转曲面如图 6-32 所示。

图 6-32　旋转曲面创建

（17）瓶底扫掠曲面扫掠。单击"扫掠"命令 ，弹出如图 6-33（a）所示对话框，选择显式扫掠，轮廓选择步骤（15）中创建的合并曲线，引导曲线选择步骤（7）中创建的草图，其余设置默认，结果如图 6-33（b）所示。

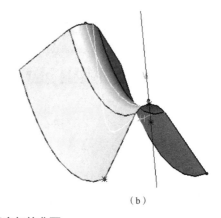

（a） （b）

图 6-33　瓶底扫掠曲面

（a）扫掠设置对话框；（b）扫掠曲面

（18）瓶底面修剪。单击"修剪"命令 🔲，修剪元素选择步骤（16）与步骤（17）创建的曲面，对话框如图6-34（a）所示，单击"另一侧/下一元素"按钮，查看修剪曲面，变透明的曲面为要修剪删除的部分，修剪后的曲面如图6-34（c）所示。

（a）

（b）

（c）

图6-34　瓶底面修剪

（a）修剪对话框；（b）修剪前的曲面；（c）修剪后的曲面

（19）瓶底边线倒可变圆角。单击"可变圆角"命令 🔲，选择倒角边线，如图6-35（a）所示，整个边线倒角均为5 mm，在"点"对话框中单击右键，选择"提取命令"，或者"创建终点"，如图6-35（b），创建倒角边线的中间点，中间边线倒角设置为3 mm，如图6-35（c）所示，完成曲面导圆角。

（a）

（b）

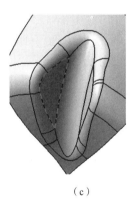
（c）

图6-35　瓶底边线倒圆角

（a）倒角边线；（b）倒角对话框；（c）倒角结果

（20）瓶底面旋转。单击"旋转"命令 🔲，在"旋转定义"对话框中，"元素"选择步骤（19）创建的倒角，轴线选择"Z轴"，"角度"设置为72°，勾选"确定后重复对象"复选框，"数量"设置为3，其结果如图6-36所示。

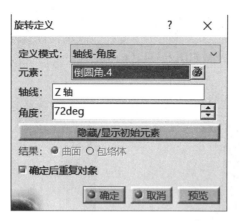
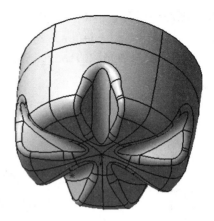

图 6-36　瓶底旋转面创建

（21）瓶底面合并。单击"合并"命令 ![icon]，将创建的 5 个曲面合并起来，即"bottom"创建完成。

（22）单击"插入"—"新建"—"几何图形集"命令，命名为"body"。

（23）双击激活"body"图形集，在 *yz* 平面上创建草图，绘制如图 6-37（a）所示草图轮廓，然后基于 *V* 轴对称，最终结果如图 6-37（b）所示。

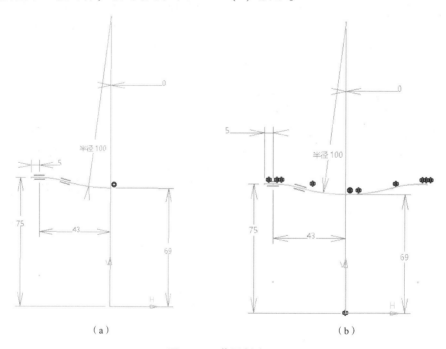

（a）　　　　　　　　　　　　　　　（b）

图 6-37　草图创建

（a）草图曲线左半侧；（b）"对称"命令完成草图曲线

（24）创建参考平面。以 *xy* 平面为参考，向上偏移 156 mm 创建参考平面，对话框设置如图 6-38 所示。

（25）创建 *Z* 轴与参考平面的交点。单击"相交"命令 ![icon]，创建 *Z* 轴与参考平面的交点，如图 6-39 所示。

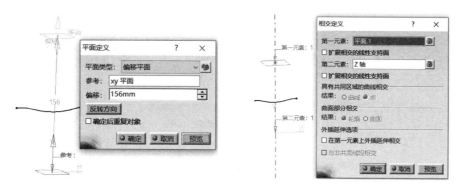

图 6-38 参考平面创建   图 6-39 参考点创建

（26）在参考平面上创建圆。以步骤（25）创建的交点为圆心，以 44 mm 为半径创建圆，对话框设置如图 6-40 所示。

图 6-40 *R*44 mm 圆创建

（27）草图曲线的平行曲线创建。单击"平行曲线"命令 ，创建步骤（23）中草图曲线的平行曲线，支持面选择 *yz* 平面，"偏移距离"设置为 3 mm，勾选"双层"复选框，建立平行曲线，对话框设置和结果如图 6-41 所示。

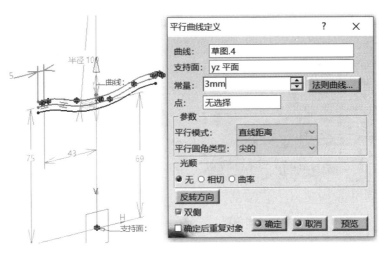

图 6-41　平行曲线创建

（28）圆曲线的平行曲线创建。单击"平行曲线"命令 ，创建步骤（26）中圆曲线的平行曲线，"支持面"选择圆曲线所在平面，向内偏置 1.6 mm 建立平行曲线，对话框设置和结果如图 6-42 所示。

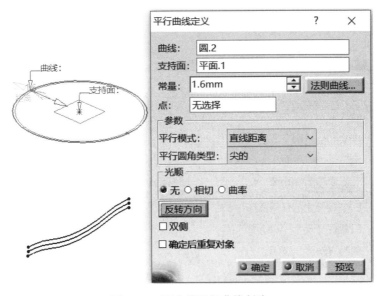

图 6-42　圆曲线平行曲线创建

（29）圆与草图曲线的混合曲线创建。单击"曲线"命令 ，分别创建步骤（26）中圆曲线与步骤（27）中两条平行曲线的混合曲线，对话框及结果如图 6-43 所示。

（30）步骤（28）平行曲线与步骤（23）草图曲线的混合曲线创建。方法与步骤（29）相同，如图 6-44 所示。

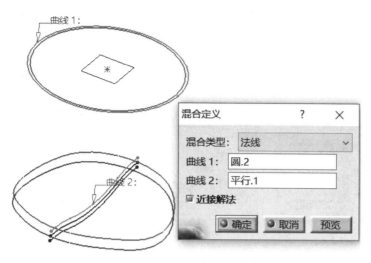

图 6-43　圆曲线与平行曲线的混合曲线创建

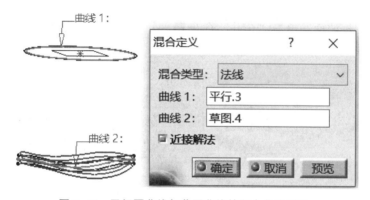

图 6-44　平行圆曲线与草图曲线的混合曲线创建

（31）圆弧扫掠曲面创建。单击"扫掠"命令 ，"轮廓类型"选择"圆弧扫掠"，"子类型"选择"三条引导线"，引导曲线分别选择三条混合曲线。圆弧扫掠曲面创建对话框及扫掠结果如图 6-45 所示。

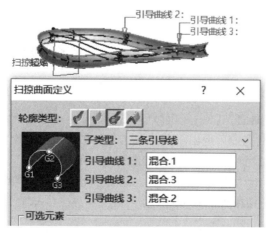

图 6-45　圆弧扫掠曲面创建

（32）扫掠曲面复制。单击"平移"命令 ，元素选择扫掠曲面，在"方向"文本框中单击右键，选择"Z 部件"，如图 6-46（a）所示，设置平移距离为 22 mm，勾选"确定后重复对象"复选框，弹出如图 6-46（b）所示对话框，设置"实例"数量为 2，最终结果如图 6-46（c）所示。

（a） （b） （c）

图 6-46 圆弧扫掠平移复制

（a）"平移定义"对话框；（b）"复制对象"对话框 ；（c）扫掠曲面平移复制

（33）合并扫掠曲面。单击"合并"命令 ，分别选择 4 个扫掠曲面，取消"检查连接性"复选框，如图 6-47 所示。

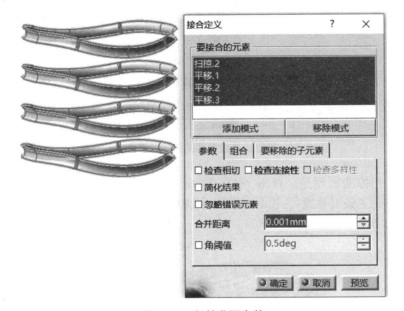

图 6-47 扫掠曲面合并

（34）拉伸创建圆柱曲面。以 xy 平面为草图平面新建草图，绘制圆心在原点（0，0）、直径为 86 mm 的圆，绘制完成后退出草图。单击"拉伸"命令 ，选择草图曲线，注意拉伸方向，按图 6-48 所示设置对话框，结果如图 6-48 所示。

（35）瓶身修剪。单击"切割"命令 ，选择步骤（33）中的合并曲面与步骤（34）中的圆柱曲面进行修剪，结果如图 6-49 所示。

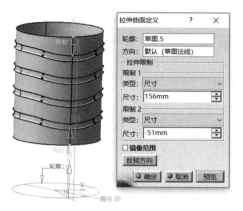

图 6-48 拉伸圆柱曲面创建　　　　　图 6-49 修剪后的瓶身曲面

（36）瓶身凹槽倒圆角。单击"倒圆角"命令 ，分别选择修剪后 4 个凹槽的 8 条边线，"半径"设置为 2 mm，如图 6-50 所示。

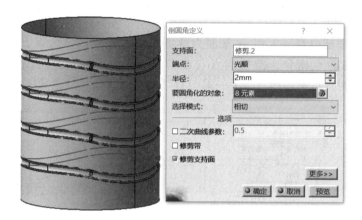

图 6-50 瓶身凹槽倒圆角

（37）瓶口部分几何图形集创建。单击"插入"—"新建"—"几何图形集"命令 ，命名为"neck"。

（38）创建平面。以 xy 平面为参考平面，向 Z 正向偏移 256 mm 创建平面，如图 6-51 所示。

（39）创建平面上的点。单击"点"命令 ，"点类型"选择"平面上"，平面选择步骤（38）中创建的平面，坐标设置为（0，0），如图 6-52 所示。

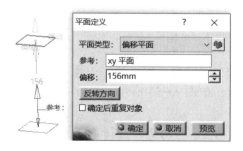

图 6-51 创建平面　　　　　　　　图 6-52 平面点创建

（40）创建比率点。单击"点"命令 ▪，"点类型"选择"之间"，第一个点选择步骤（39）中创建的点，第二个点选择步骤（25）中创建的交点，"比率"设置为"0.4"，如图 6-53 所示。

（41）创建过比率点的平行平面。单击"平面"命令，"平面类型"选择"平行通过点"，"参考"选择步骤（38）中创建的平面，如图 6-54 所示。

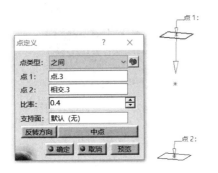

图 6-53　创建比率点　　　　　　　图 6-54　创建通过比率点的平面

（42）创建瓶嘴部分草图，以 yz 平面为草图平面建立草图。约束 $R40.6$ mm 圆弧圆心与步骤（39）创建的点相合，圆弧起点与步骤（38）的平面相合；$R8$ mm 圆弧一端与 $R40.6$ mm 圆弧相切，且端点相合，另一端与直线相切。其余尺寸参照图 6-55 进行约束。

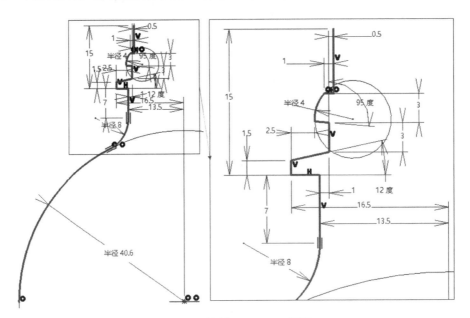

图 6-55　绘制 $R40.6$ mm 圆弧

（43）求指定方向极点。单击"极点" 命令，选择步骤（42）中建立的草图，以 Z 轴为方向，选择最小值，求取指定方向上的极点，如图 6-56 所示，如方向向下，则选择最大值。

（44）瓶嘴旋转曲面。单击"旋转曲面" 命令，"轮廓"选择草图，在"旋转轴"文本框单击右键，选择"Z轴"，"角度1"与"角度2"均设置为180°，如图6-57所示。

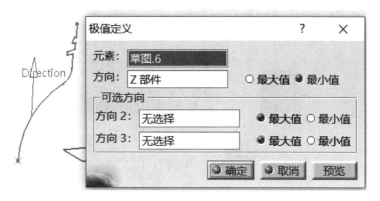

图6-56 草图在Z方向的极点

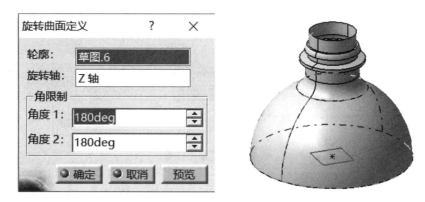

图6-57 旋转曲面

（45）创建半径为35 mm圆。以步骤（40）创建的比率点为圆心，以步骤（41）创建的平面为圆所在平面，创建半径为35 mm的圆，如图6-58所示。

图6-58 创建圆

（46）拉伸 R44 mm 圆柱面。选择步骤（26）中创建的 R44 mm 的圆，然后单击"拉伸"命令 ，"方向"选择"Z 部件"，"尺寸"设置为"12 mm"，完成圆柱面创建，如图 6-59 所示。

图 6-59 拉伸圆柱面

（47）创建多截面曲面。单击"多截面曲面"命令 ，截面 1：选择拉伸曲面 1 边线，再单击拉伸曲面作为支持面；截面 2：单击 R35 mm 圆；截面 3：单击旋转曲面下边线为截面，再单击旋转曲面为支持面。注意闭合点位置一致，且闭合点方向相同，否则会导致曲面异形。多截面曲面创建结果如图 6-60 所示。

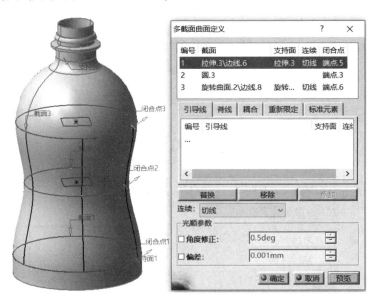

图 6-60 多截面曲面创建

（48）创建曲面上的曲线。单击"直线"命令 ，"线型"采用"曲线的角度/法线"，曲线选择步骤（44）中旋转曲面的下边线，"支持面"选择步骤（47）中生成的多截面曲面，"点"选择步骤（43）中创建的极点，"角度"设置为 60°，"终点"设置为 200 mm，勾选"支持面上的几何图形"复选框，如图 6-61 所示。

图 6-61　曲线创建

（49）创建曲线上的点。单击"点"命令 ■，"点类型"选择"曲线上"，"与参考点的距离"勾选"曲线长度比率"，设置为"0.1"，参考点选择步骤（43）中创建的极点，结果如图 6-62 所示。

（50）创建曲面上的曲线 2。单击"直线" ◢ 命令，选择步骤（49）中创建的点，其余设置与（48）步相同，结果如图 6-63 所示。

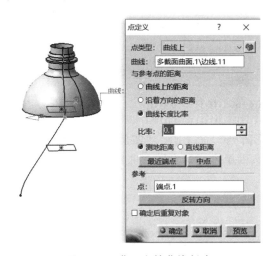

图 6-62　曲面上的曲线创建

图 6-63　曲面上的曲线 2

（51）分割旋转曲面边线。单击"分割"命令 ，选择多截面曲面上边线为要切除的元素，选择曲面上边两条曲线的端点作为分割边界，保留两端点中间区域，如图 6-64 所示。

（52）分割拉伸曲面边线。单击"分割"命令 ，选择拉伸曲面上边线为要切除的元素，选择曲面上边两条曲线的端点作为分割边界，保留两端点中间区域，如图 6-65 所示。

图 6-64　分割形成上边线　　　　　　图 6-65　分割形成下边线

（53）填充线框。单击"填充曲面"命令 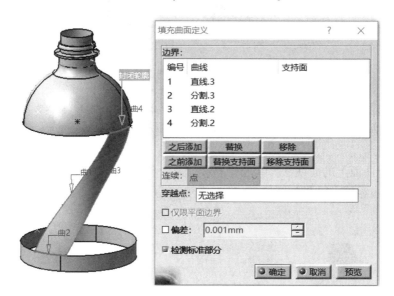，依次选择前面步骤创建的线框边线，形成封闭轮廓，单击"确定"按钮生成曲面，如图 6-66 所示。

图 6-66　填充曲面创建

（54）阵列填充曲面。单击"环形阵列"命令 ，"实例"个数设置为"10"，"角度间距"设置为 36°，在"参考元素"文本框单击鼠标右键，选择"Z 轴"，如图 6-67 所示。

图 6-67 填充曲面阵列

（55）合并曲面。单击"合并"命令 ▓，合并旋转曲面、拉伸曲面、填充曲面、阵列填充曲面。

（56）曲线上的点创建。单击"点"命令 ▪，选择步骤（42）中创建的草图曲线为点所在曲线，"与参考点的距离"选择"曲线上的距离"，"长度"设置为"1.5 mm"，参考点选择草图曲线顶点，如图 6-68 所示。

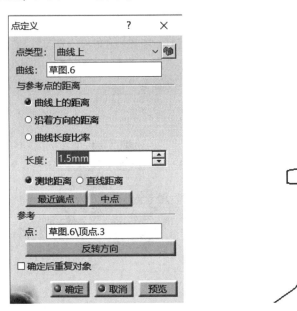

图 6-68 曲线上的点创建

（57）创建空间螺旋线。单击"螺旋线"命令 ✐，设置上一步创建的点为起点，在"轴"文本框中单击鼠标右键，选择"Z 轴"为旋转轴线，"螺距"设置为 3 mm，"高度"

设置为 7 mm，"方向"设置为逆时针，其余默认，如图 6-69 所示。

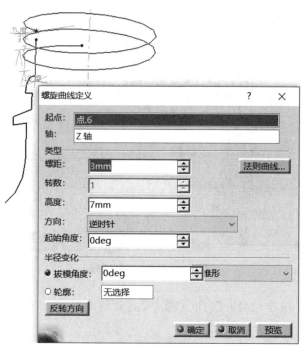

图 6-69 空间螺旋线

（58）创建 xy 偏移平面。单击"平面"命令 ▱，"平面类型"选择平行通过点，以 xy 平面为参考平面，以（56）步创建的点为通过的点，创建平面。

（59）创建直线。单击"直线"╱命令，选择"曲线的角度/法线"，"曲线"选择螺旋线，"支持面"选择步骤（58）中创建的平面，"点"选择步骤（56）中创建的点，"角度"设置为 90°，"起点"设置为 1.6 mm，"终点"设置为 20 mm，勾选"支持面上的几何图形"复选框，如图 6-70 所示。

图 6-70 直线创建

（60）创建曲线上的点。单击"点"命令 ▪，"点类型"选择"曲线上"，"曲线"选择螺旋线，"曲线上的距离"设置为 1.6 mm，参考点默认为螺旋线上端点，如图 6-71 所示。

（61）创建连接曲线。单击"桥接"命令 ◟，选择直线端点作为第一曲线点，直线作为第一曲线，螺旋线端点为第二曲线点，螺旋线为第二曲线，勾选"修剪元素"复选框，其余默认，如图 6-72 所示。

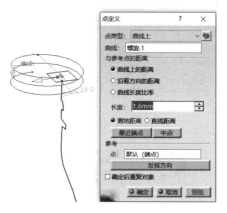

图 6-71 曲线上点创建

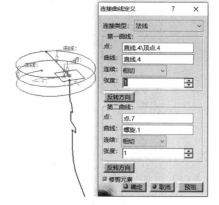

图 6-72 桥接曲线创建

（62）创建螺旋线上的点。单击"点"命令 ▪，"点类型"选择"曲线上"，"曲线"选择螺旋线，"与参考点的距离"选择"曲线上的距离"，"长度"设置为 65 mm，参考点默认为螺旋线上部端点。

（63）扫掠桥接曲线。单击"扫掠"命令 ✍，选择圆弧扫掠，"子类型"选择圆心和半径，"中心曲线"选择桥接曲线，"半径"设置为 0.8 mm，"脊线"默认，"边界 1"选择上一步创建的点，结果如图 6-73 所示。

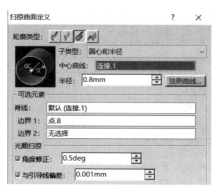

图 6-73 圆弧扫掠

（64）分割。单击"分割"命令 ◿，用步骤（55）中创建的结合面分割扫掠曲面，完成瓶口螺纹部分创建，如图 6-74 所示。

（65）单击"插入"—"新建"—"几何图形集"命令，命名为"merge"。

（66）创建 xy 平面的偏移平面。单击"平面"命令 ▱，以

图 6-74 瓶口螺纹创建

xy 平面为参考平面，分别向上偏移 51 mm、53 mm、154 mm，创建平面 1、平面 2 和平面 3 三个平面，如图 6-75 所示，从下至上分别为平面 1、平面 2、平面 3。

（67）相交曲线创建。通过"相交"命令 ，分别创建平面 1 与瓶底曲面交线 1、平面 2 与瓶身曲面交线 2、平面 3 与瓶身曲面交线 3，如图 6-76 所示。

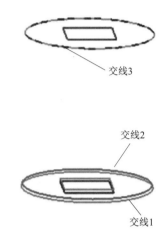

图 6-75　*xy* 平面的偏移平面　　　　　　　　图 6-76　交线创建

（68）创建瓶身与瓶底扫掠曲面。单击"扫掠"命令，选取交线 1 作为引导曲线 1，选择交线 2 作为引导曲线 2，"长度 1"设定为 2 mm，如图 6-77 所示。

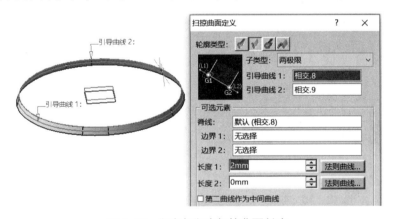

图 6-77　瓶身与瓶底扫掠曲面创建

（69）裁剪扫掠面与瓶底曲面。单击"修剪"命令，修剪元素选择扫掠曲面和瓶底曲面，结果如图 6-78 所示。

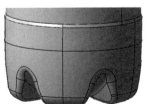

图 6-78　修剪结果

（70）创建瓶身与瓶颈扫掠面。单击"扫掠"命令 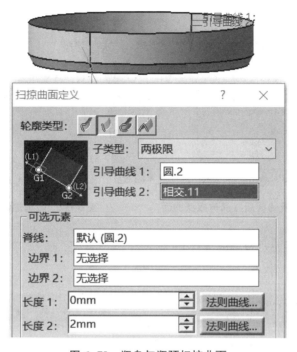，选取交线 3 作为引导曲线 1，选择步骤（26）中创建的 $R44$ mm 的圆作为引导曲线 2，"长度 2"设定为 2 mm，如图 6-79 所示。

图 6-79　瓶身与瓶颈扫掠曲面

（71）裁剪扫掠面与瓶颈曲面。单击"修剪"命令 ，修剪元素选择扫掠曲面和瓶身曲面，结果如图 6-80 所示，裁剪掉扫掠面内部多余部分。

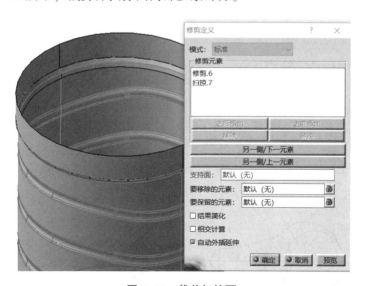

图 6-80　裁剪扫掠面

（72）合并。单击"合并"命令 ，选择修剪后的瓶底曲面、瓶身曲面与瓶颈曲面合并，形成瓶子曲面，如图 6-81 所示。

（73）裁剪边线倒圆角。单击"倒圆角"命令 ，选择步骤（69）和步骤（71）中修剪后的曲面边线，设置圆角大小为 5 mm，如图 6-82 所示。

图 6-81　合并瓶颈及修剪后瓶底与瓶身曲面

图 6-82　裁剪边线倒圆角

至此完成该实例全部曲面创建过程。

6.3　实战练习

（1）利用"拉伸"和"剪切"命令完成管接头设计（见图 6-83），管子的直径为 50 mm。

（2）根据图 6-84 所示尺寸，完成水龙头手柄曲面建模，不全尺寸可以自己定义。

图 6-83　管接头

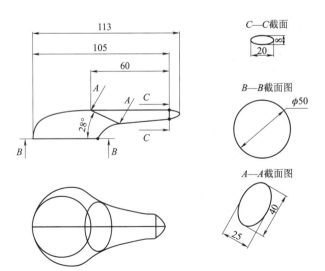

图 6-84　水龙头手柄

（3）根据图 6-85 所示尺寸，完成旋钮曲面建模，不全尺寸可自己定义。

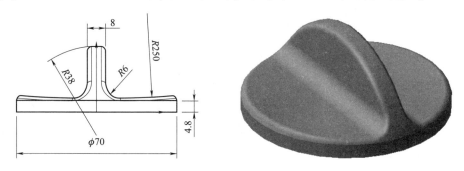

图 6-85 旋钮

第7章
工程图设计实例

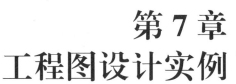

知识要点 ▶▶ ▶

1. 工程图设计流程和基本操作；
2. 生成视图功能；
3. 尺寸标注功能。

能力要求 ▶▶ ▶

1. 能够在工程制图工作台中进行二维工程图的绘制；
2. 根据需要导出不同形式的视图；
3. 按照工程制图的标准进行零部件的尺寸标注。

相关知识 ▶▶ ▶

1. 工程图设计流程、进入工程图工作台和工作台界面简介；
2. 视图工具栏（投影、截面、详细视图、裁剪视图、断开视图、视图创建向导6个子工具栏）；
3. 尺寸标注工具栏、生成功能、注释功能、创建图框和标题栏。

CATIA V5 工程图模块（Drafting）由创成式工程绘图工作台（GDR）和交互式工程绘图工作台（ID1）组成。创成式工程绘图工作台可根据绘制的三维零件和装配件生成相关联的工程图纸，包括生成各种视图，如向视图、剖面图、剖视图、局部放大图、轴测图等；添加视图中零部件的尺寸和标注；填充剖面线；生成企业标准的图纸；生成装配件材料表等。交互式工程绘图（ID1）以高效、直观的方式进行产品的二维设计，可以导出 DXF 和 DWG 等 AutoCAD 可以识别的格式文件。

7.1 工程图设计概述

7.1.1 工程图设计流程

工程图设计流程如图 7-1 所示，通过草图工具（Sketcher）绘制草图，通过实体设计工作台生成零件，进一步地可通过装配设计工作台将零件装配形成部件或产品，绘制的零件及装配的产品可通过创成式制图工作台生成需要的视图并标注尺寸关系。通过创成式制图工作台所生成的工程图与零部件之间建立了链接关系，当更新几何设计后，通过"更新"按钮即可完成与之链接的工程图更新。

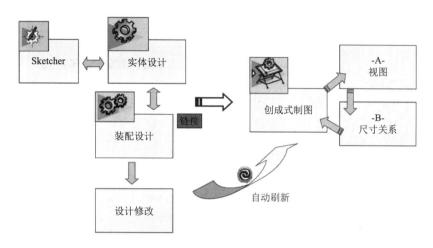

图 7-1　工程图设计流程

7.1.2　进入工程制图工作台

进入工程制图工作台的方法有三种，如图 7-2 所示：

（1）单击"开始"—"机械设计"—"工程制图"命令进入工程图；

（2）左键单击"Workbench Icon"进入工程制图；

（3）通过"文件"—"新建"—"Drawing"进入工程制图。

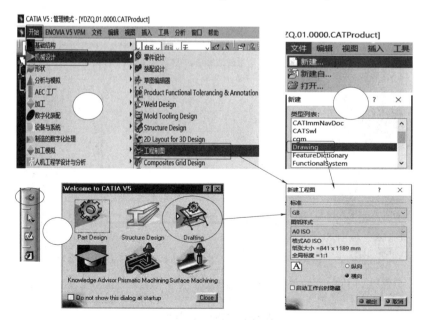

图 7-2　进入工程图工作台的方法

按上述方法可以对图纸标准及图纸尺寸样式进行选择，同时也可通过点选"纵向"和"横向"选择采用纵向图幅或横向图幅。如图 7-3 所示，图纸标准可选择 ISO（国际标准化组织标准）、ANSI（美国国家标准化组织标准）、JIS（日本工业标准）、ASME（美国机械工程师协会标准）等，也可以通过管理员模式建立中国国标标准文件及企业标准文件。

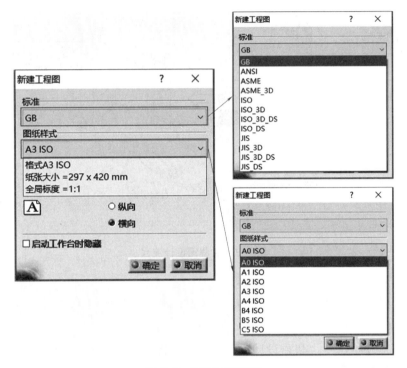

图 7-3　新建工程图纸

选择合适的标准及图纸样式，单击"确认"按钮生成如图 7-4 所示工程图样式。

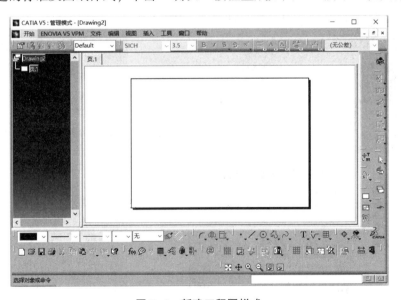

图 7-4　新建工程图样式

用户还可通过单击"文件"—"页面设置"命令随时对图纸的标准规格等进行修改，图纸标准及样式如图 7-3 所示。修改后弹出"更改或更新标准"的警告对话框，单击"确定"按钮修改图纸样式。

可通过右键单击左侧特征树中的"页"对图纸名称、格式、投影方式及视图定位模式进行修改，如图 7-5 所示。

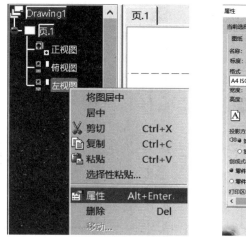

图 7-5 工程图纸属性修改

7.1.3 工程图工作台界面介绍

工程图工作台界面如图 7-6 所示，包括已生成工程图的特征树、菜单栏、文本属性框、尺寸属性框、显示属性框、工具栏和绘图区等。工具栏包含视图工具栏、工程图工具栏、尺寸标注工具栏、生成工具栏、标注工具栏、修饰工具栏、几何图形创建工具栏和几何图形修改工具栏等。

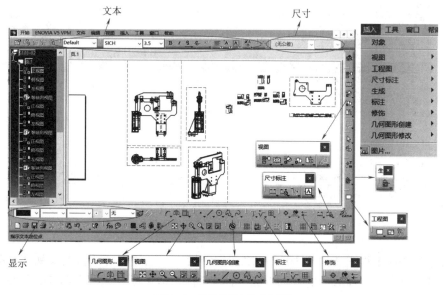

图 7-6 工程图工作台界面

1）视图类型

CATIA 有两种视图类型：一种与 3D 文件之间建立有链接关系，叫作创成式（Generated views）；另一种与 3D 文件之间无链接关系，用于交互式制图，叫作 Draw views。通过已建立的 3D 模型，利用视图工具导出的视图，称为创成式制图；直接通过工程图工具栏绘制出的零件视图，称为交互式制图，如图 7-7 所示。

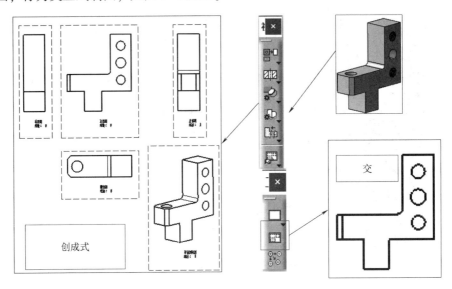

图 7-7　视图类型

2）3D 文件与工程图之间的关联性设置

当工程图与 3D 文件之间链接需要修改时，可通过单击"编辑"—"链接"命令打开如图 7-8 所示对话框，选中需要更新链接的视图，单击"替换"按钮后，从文件夹中找到对应的文件单击"打开"进行替换。

图 7-8　工程图视图链接更新

如果需要去掉工程图文件与 3D 文件之间的链接，可通过在特征树上找到需要断开链接的视图，右键单击，选择对应的视图对象—"隔离"，即可断开工程图与 3D 文件之间的链接关系，如图 7-9 所示。

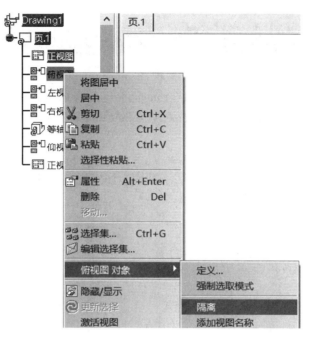

图 7-9 工程图文件与 3D 文件之间断开链接

3）工程图软件环境设置

单击"工具"—"选型"—"机械设计"—"工程制图"命令，如图 7-10 所示，即可进行工程制图环境设置，包括标尺、网格、旋转、颜色、结构树、视图轴、布置设置、生成、几何元素、尺寸、操纵器、注释等。个性化设置可以提高工程制图的效率。

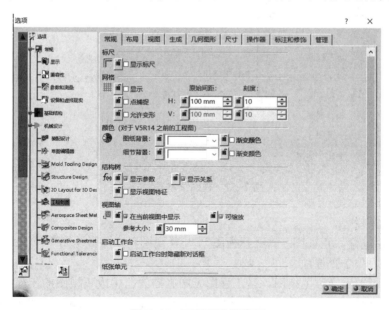

图 7-10 工程图设置选项

7.2 工程图工具栏介绍

CATIA V5 的工程绘图工作台主要包括视图（Views）、工程图（Drawing）、尺寸标注（Dimension）、生成（Generation）、注释（Annotations）、修饰（Dress up）、几何元素创立（Geometry creation）、几何元素修改（Geometry modification）共 8 个工具栏。

7.2.1 视图工具栏

视图工具栏如图 7-11 所示，包含投影、截面、详细视图、裁剪视图、断开视图、视图创建向导 6 个子工具栏。

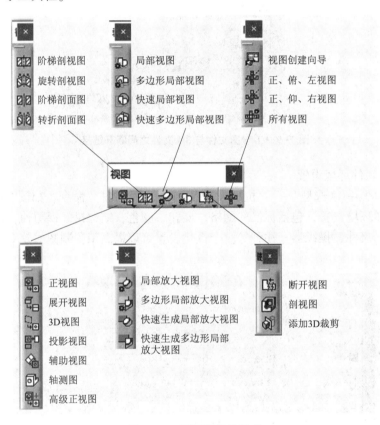

图 7-11　视图菜单条组成

1）投影工具栏

投影工具栏包含"正视图""展开视图""3D 视图""投影视图""辅助视图""轴测图""高级正视图"7 个选项。

（1）正视图 ，又称主视图，是工程图纸中必需的，生成正视图的步骤如下：

单击"正视图"图标，图标点亮，然后切换到 3D 窗口，在特征树上单击选择要投影的零部件（可以选择装配件，也可选择零件），然后选择需要投影的零部件正视图面（也可由不平行的两边线或 3 个不共线的点来确定投影面），如图 7-12 所示，出现投影视图预览图。

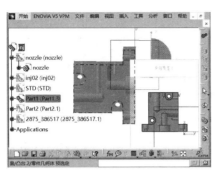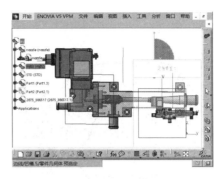

图7-12 正视图投影面选择

选择投影平面后，软件会跳转到工程图窗口，并在窗口中显示投影正视图和方向控制器，如图7-13所示，可通过方向控制器调整投影视图方位。

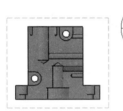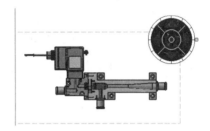

图7-13 正视图投影方位调整

调整到合适的方位后在空白处单击即可生成如图7-14所示正视图。

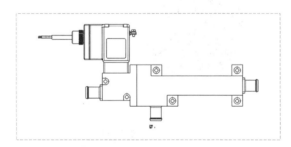

图7-14 投影正视图

（2）展开视图 ，主要用于将钣金件展开为平面视图，生成展开视图的步骤如下：

①新建图纸，在视图工具栏中选择"展开视图"。

②在3D窗口中选择展开视图的投影平面，并调整好方位。

③在工程图窗口空白处单击，生成如图7-15所示的钣金件展开视图，图中虚线是钣金件的折痕线，实线为边界。

（3）3D视图 ，是指将部件中的公差元素转换到工程图中，生成3D视图的步骤如下：

①新建图纸，在视图工具栏中选择"3D视图"。

②在3D窗口中选择3D标准元素所在视图平面，绘图窗口中出现投影视图预览，如图7-16（a）所示。

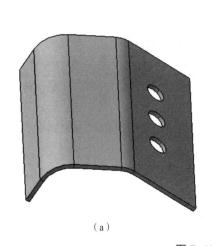

（a）

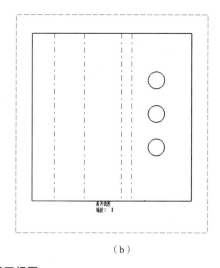

（b）

图 7-15　展开视图

（a）钣金件 3D 视图；（b）钣金件展开视图

③在工程图窗口空白处单击，生成 3D 视图，图中含有与零件中三维标注相同的元素，如图 7-16（b）所示。

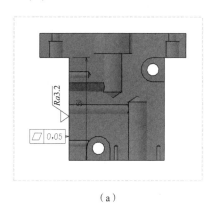

（a）

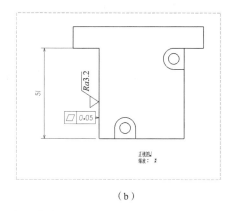

（b）

图 7-16　3D 视图创建

（a）投影 3D 视图预览；（b）含有三维标注的 3D 视图

（4）投影视图 ，可在已有视图的基础上投影生成俯视图、仰视图、左视图等其他视图，生成投影视图的步骤如下：

①双击激活视图，单击"投影视图"命令，鼠标在已有激活视图的上、下、左、右移动，即可预览到各个方向的投影视图；

②在预览视图侧空白处单击鼠标左键，即可生成投影视图。

（5）辅助视图 ，部件不平行于任何基本投影面的平面投射所得的视图，称为辅助视图，生成辅助视图的步骤如下：

①在已有视图的工程图中先双击激活视图，然后单击工具栏中的"辅助视图"命令。

②在主视图的边框内选择两个点，构成一条直线，作为辅助视图的投影方向。

③通过鼠标确定视图摆放的位置，生成辅助视图，箭头表示投影方向。左键双击激活辅

助视图，右键单击，选择"视图定位"—"不根据参考视图定位"，然后可以根据需要调整辅助视图的位置，如图 7-17 所示。

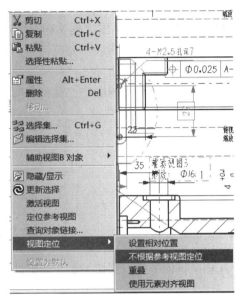

图 7-17　调整视图定位

（6）轴测图 是轴测投射方向与轴测投影面垂直时所投射得到的轴测图，生成轴测图的步骤如下：

①在视图工具栏中单击"轴测图"命令，切换到 3D 绘图窗口，将要投影的零部件调整到合适的角度，然后单击特征树上的零件编号，选择投影面，绘图窗口中出现如图 7-18 所示的预览图。

②在主视图空白处单击即可生成轴测图。

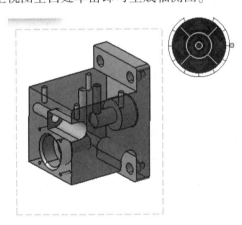
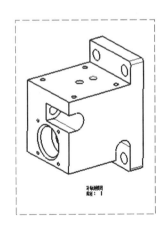

图 7-18　轴测图

2）截面工具栏

截面工具栏包括"偏移剖视图""对齐剖视图""偏移截面分割"和"对齐截面分割"4 个选项。"偏移剖视图"可认为是按照某界面进行剖切；"对齐剖视图"相当于旋转剖视

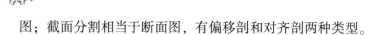
图；截面分割相当于断面图，有偏移剖和对齐剖两种类型。

（1）"偏移剖视图" 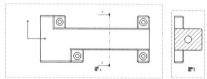 与 "偏移截面分割" 。

"偏移剖视图"是主视图剖切位置的右视图，如图 7-19 所示，而 "偏移截面分割" 只显示剖切位置的断面视图，如图 7-20 所示。生成 "偏移剖视图" 的步骤如下：

①在主视图中用点和线确定剖切方向，双击表示完成剖切面，将鼠标移动到剖切线的左侧或者右侧，出现剖视图预览。

②在空白处单击左键，生成剖视图，在主视图中，箭头方向表示投影方向，两段粗实线表示剖切线。

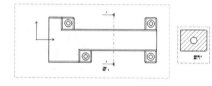

图 7-19　"偏移剖视图"　　　　　图 7-20　　"偏移截面分割"

③剖切平面可以是多个互相平行的平面，剖切平面在转折处必须是直角，多平面剖视图如图 7-21 所示。

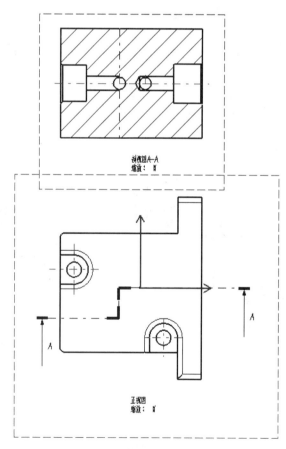

图 7-21　多平面剖切

可通过在绘图区剖面线上单击右键，选择"属性"—"阵列"选项，如图 7-22 所示，对剖面线类型、角度、间距、线型等特性进行修改。

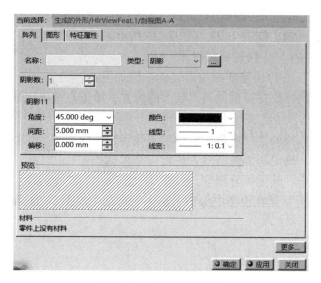

图 7-22 剖面填充修改

（2）"对齐剖视图" 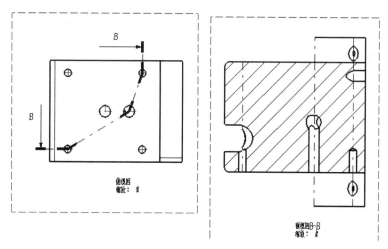 与"对齐截面分割" 。

"对齐剖视图"与"对齐截面分割"是将部件中与主要投影面不平行的部分，旋转展开到与主要投影平面平行的位置，再生成对应剖视图和截面分割视图。其操作方式与剖视图操作基本相同，区别在于剖切面转折不限定为 90°，角度可根据需要调整。图 7-23 所示为"对齐剖视图"，黑色加粗短线为剖切面转折位置，"对齐截面分割"只显示旋转剖切断面部分。

图 7-23 "对齐剖视图"

3）详细信息工具栏

对于一些局部细节结构，原图比例无法表达清楚，此时可通过局部详细视图绘制大于原图比例的局部结构。

详细信息工具栏包含"详细视图""详细视图轮廓""快速详细视图""快速详细视图轮廓"4 个选项。"详细视图"的边界线是圆，"详细视图轮廓"可绘制任意多边形边线，如图 7-24~图 7-27 所示。"详细视图轮廓线"只保留与物体相交部分的轮廓线，"快速详细视图"则保留全部轮廓线，如图 7-24 与图 7-25 所示。

（1）"详细视图" ![icon] 与 "快速详细视图" ![icon]。

生成"详细视图"或"快速详细视图"的步骤如下：

①在主视图中将鼠标放在需要做局部放大的位置，单击左键确定详细视图轮廓线圆的圆心位置。

②在对话框中输入圆的半径或者用鼠标单击确定轮廓线圆的半径。

③单击鼠标左键，确定局部视图放置位置，结果如图 7-24 所示，局部视图轮廓线圆与视图相交部分保留下来，其他部分删除。

④"快速详细视图"是在视图中保留了整个轮廓圆，如图 7-25 所示。

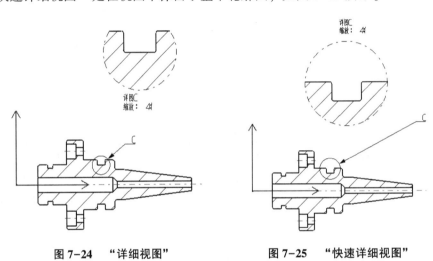

图 7-24 "详细视图"　　　　　　　图 7-25 "快速详细视图"

（2）"详细视图轮廓" ![icon] 与 "快速详细视图轮廓" ![icon]。

轮廓线是任意多边形，单击"详细视图轮廓"后在视图中通过依次单击鼠标左键形成多边形封闭区域，即为详细视图轮廓，结果如图 7-26 所示。"快速详细视图轮廓"保留了绘制详细视图的全部轮廓线，如图 7-27 所示。

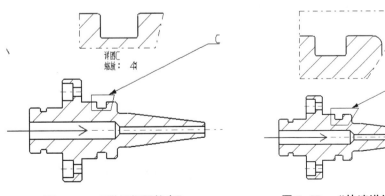

图 7-26 "详细视图轮廓"　　　　　　图 7-27 "快速详细视图轮廓"

在主视图中双击轮廓线，可对通过拖拽修改轮廓线，也可通过"替换轮廓"命令🔳重新绘制详细视图轮廓，替换原详细视图轮廓，无须删除原轮廓线，结果如图7-28所示。

在主视图轮廓线或引线上单击鼠标右键，选择"属性"，可以修改引出轮廓的形状特征，在"标注"选项卡下，可修改线型线宽；在"字体"选项卡下，可修改文字的字体参数；在"文本"选项卡下，可修改引出文字边框，如图7-29所示。

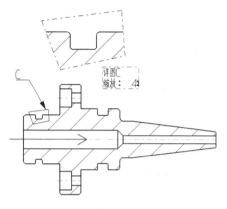
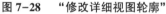
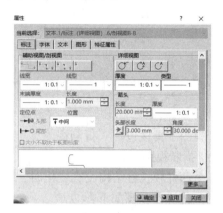

图7-28　"修改详细视图轮廓"　　　　　图7-29　引线修改属性

4）裁剪视图工具栏

裁剪视图工具栏主要用于将视图中的部分内容裁剪掉，只剩下某些重要的部分。

裁剪视图工具栏包含"裁剪视图""裁剪视图轮廓""快速裁剪视图""快速裁剪视图轮廓"4个选项。裁剪视图的轮廓线是圆，"详细视图轮廓"可绘制任意多边形轮廓，如图7-30与图7-31所示。"裁剪视图轮廓"只保留与物体相交部分的轮廓线，"快速裁剪视图"及"快速裁剪视图轮廓"则保留全部轮廓线。

"裁剪视图"命令与"局部视图"命令的操作相似，激活需要裁剪的视图，左键单击"裁剪视图"命令，在需要裁剪的视图中确定裁剪视图圆心和半径，如图7-30（a）所示。裁剪结果如图7-30（b）与图7-30（c）所示，视图保留了选择的裁剪部分。

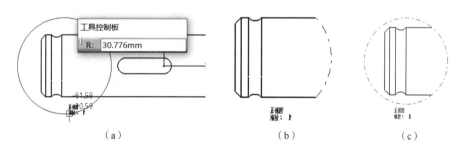

（a）　　　　　　　　　　（b）　　　　　　　　　（c）

图7-30　裁剪视图

（a）裁剪轮廓确定；（b）裁剪视图结果；（c）快速裁剪视图

"裁剪视图轮廓"操作时，左键双击激活需要裁剪的视图，单击"裁剪视图轮廓"命令，在需要裁剪的视图区域绘制多边形裁剪轮廓，如图7-31（a）所示。裁剪结果如图7-31（b）和图7-31（c）所示，视图保留了选择的裁剪部分。

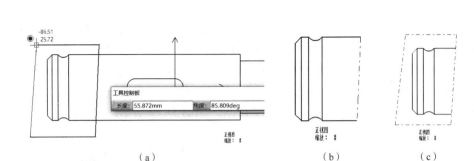

图 7-31 "裁剪视图轮廓"

(a) "裁剪视图多边形轮廓"确定；(b) "裁剪视图轮廓"结果；(c) "快速裁剪视图轮廓"结果

5）断开视图工具栏

断开视图工具栏包括"折断视图""剖面视图""添加3D裁剪视图"3个选项。

（1）"折断视图" 。

当一个部件较长且结构没有变化时，"折断视图"可以将没有变化的部分隐藏。"折断视图"的具体操作步骤如下：

在视图工具栏中单击"折断视图"命令，在需要折断的视图中，在折断起点单击鼠标左键，鼠标必须单击在视图上的部件部分才有效，此时视图中出现两条相互垂直的绿线，实线表示选择的起始位置，绿色虚线与其垂直，将鼠标移到虚线上，实线和虚线便相互转换。

①在竖直线上单击，如图7-32（a）所示。

②再单击确定终止线，如图7-32（b）所示。

③单击鼠标左键，完成折断视图，结果如图7-32（c）所示。

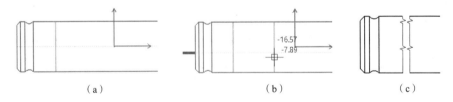

图 7-32 折断视图创建

(a) 折断视图起始线；(b) 折断视图终止线；(c) 折断视图

④如果需要取消折断，则可以在折断符号上单击鼠标右键，在弹出的菜单中选择标注（局部视图）对象→"取消分解"即可撤销折断，如图7-33所示。

图 7-33 撤销折断

（2）"剖面视图" 。

"剖面视图"可以用来创建局部剖视图，多用于机件上有部分内部结构需要表示，但没必要做全剖或者内、外结构形状都需要兼顾时。剖面视图具体操作步骤如下：

①建立模型，确定能够表达机件结构特点的主视图和俯视图。

②进入工程制图工作台，创建主、俯视图，如图 7-34（a）所示。

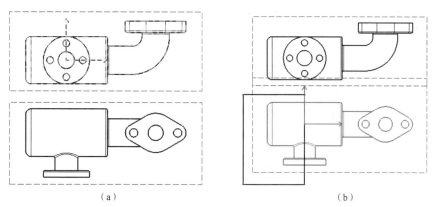

（a）　　　　　　　　　　　　　　　　（b）

图 7-34　剖面视图创建

（a）投影主视图与俯视图；（b）绘制剖切轮廓线

③双击激活俯视图，单击"剖面视图"命令，绘制如图 7-34（b）所示线框。当线框的起点和末点重合时，弹出"3D 查看器"窗口，如图 7-35 所示，当剖切面位置与机件竖直轴未重合时，可以用左键按住剖切面移动至与轴线重合。

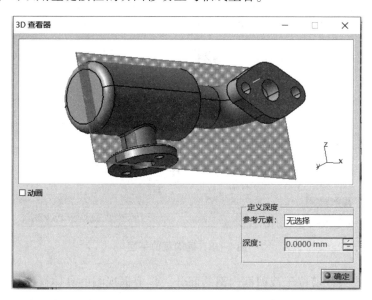

图 7-35　剖切平面位置

④剖切面位置确定后，单击"确定"按钮，完成机件主视图的局部剖，如图 7-36 所示。

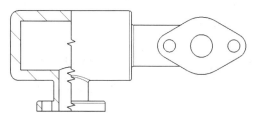

图 7-36　剖面视图

（3）"3D 裁剪视图" 。

"3D 裁剪视图"有远端裁剪平面、裁剪框、分割裁剪三种模式，在使用此命令前先要创建未裁剪的主视图，如图 7-37 所示。

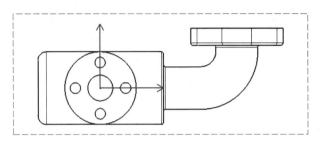

图 7-37　未裁剪主视图

①远端裁剪模式只保留裁剪平面前方的部分。远端裁剪视图的具体操作步骤如下：

单击"3D 裁剪视图"命令，弹出如图 7-38 所示对话框，默认"裁剪模式"为"远端裁剪平面"，将鼠标放到绿色点上，鼠标变成手指状，长按鼠标左键拖动，可移动平面位置，箭头所指方向为投影方向。

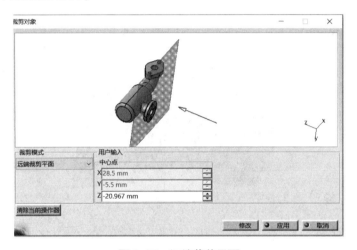

图 7-38　远端裁剪平面

②裁剪框模式只裁剪位于裁剪框内部的部分。裁剪框视图的具体操作步骤如下：

修改"裁剪模式"为"裁剪框"，形成一个六面体区域，每个面上有一个绿色点，拖动绿色点可以移动面的位置，其可形成以下三种裁剪模式，如图 7-39 所示。

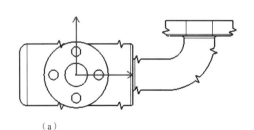

（a）

图 7-39　裁剪框模式

（a）裁剪框部分裁剪 1

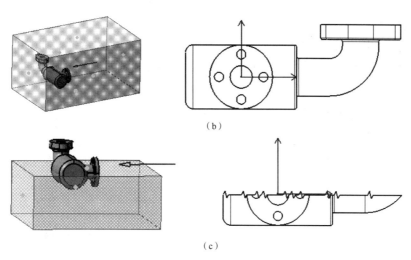

（b）

（c）

图 7-39 裁剪框模式（续）

（b）裁剪框全部裁剪；（c）裁剪框部分裁剪 2

分割裁剪模式只保留两裁剪平面的中间部分，如图 7-40 所示。

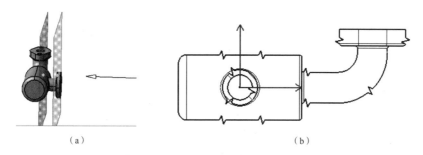

（a）　　　　　　　　　　　　　　　　（b）

图 7-40 分割裁剪

（a）裁剪平面；（b）裁剪结果

7.2.2 图纸

图纸工具栏包括"新建图纸""新建详图""新建视图"和"2D 实例部件"4 个选项，如图 7-41 所示。

1）"新建图纸"

单击"新建图纸"命令 ▢，可在 drawing 文件特征树创建新的图纸页，如图 7-42 所示。

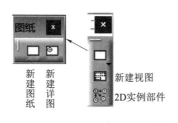

图 7-41 图纸

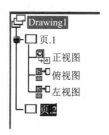

图 7-42 新建图纸页

2）"新建详图"

单击"新建详图"命令 ▣，在"Drawing1"文件特征树创建新的详细图纸，包含 2D 部件，如图 7-43（a）所示；在详细视图中用"圆"命令绘制直径为 10 mm 的圆，如图 7-43（b）所示。

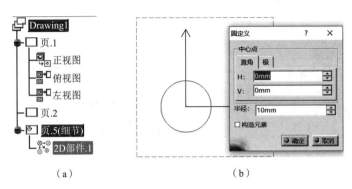

图 7-43　新建详细视图

（a）新建详图；（b）创建 2D 部件

3）"新建视图"

单击"新建视图"命令 ▦，在对应图纸页创建新的视图，此视图为交互式视图，可通过"几何图形创建"命令在交互式视图中创建具体图形，类似于二维 CAD 软件，不再详细叙述。

4）"2D 实例部件"

单击"2D 实例部件"命令 ▦，创建实例化 2D 部件。该命令与零件设计中的"新建实例"功能相似，不同点在于它是 2D 部件；或者可以按照 AutoCAD 中"块"的创建理解。这里需要注意，要使用"2D 实例部件"命令，需要先在详细视图中创建 2D 部件。

切换到页面 2，单击"2D 实例部件"命令 ▦，再在特征树上单击详细视图中的 2D 部件即上面创建的 2D 部件 ϕ10 mm 的圆，则 2D 部件可插入到页面 2 中，如图 7-44 所示。

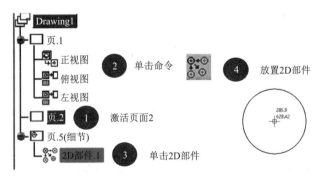

图 7-44　2D 部件实例化

7.2.3　尺寸标注工具栏

尺寸标注工具栏包括"尺寸""技术特征尺寸""重设尺寸""基准特征"4 个选项，如图 7-45 所示。本部分主要描述尺寸和基准特征的标注。技术特征尺寸一般应用于"电气线束"或"结构加强肋"单体尺寸的标注，或者在结构加强肋之间形成尺寸标注等，此处不做详细说明。

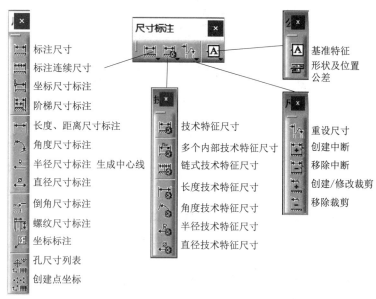

图 7-45　二维视图上的尺寸标注工具栏

1）手动标注尺寸

在图样上标注尺寸应满足正确（符合国家标准的规定）、完整（尺寸齐全，不多不少）、清晰（尺寸布置合理，便于看图）、合理（满足设计和制造要求）四项要求。

创成式制图有两种标注尺寸的方法：一种是手动标注，另一种是自动生成标注。手动标注是利用尺寸标注工具栏中的各种命令完成尺寸的创建。创建不同类型尺寸的命令图标位于尺寸标注工具栏下的尺寸子工具栏中。

单击尺寸工具栏中的命令，会弹出工具控制板，如图 7-46所示，在此控制板中可选择标注尺寸的方向及填写尺寸数值。

（1）"尺寸"命令 。

"尺寸"命令可以满足图样中的大部分标注，它可以标注距离、直径、半径及角度尺寸。

标注尺寸的方法：单击尺寸子工具栏中所需命令图标，选择视图中标注的对象，移动鼠标使尺寸至合适位置后单击左键，完成一次标注。

标注示例如下：

单击"尺寸"命令 ▦，选择如图 7-47 所示轮廓中的各线段可标注出其长度尺寸 15 mm 和高度尺寸 32.84 mm，单击两条相交线可注出角度尺寸 118.19°，单击圆可注出直径 $\phi5$ mm，单击两个圆可注出图中两个圆心之间的距离 18 mm，单击圆弧可标注出半径 $R5$ mm。

在标注好的尺寸数值上单击右键，会弹出相应的尺寸标注样式快捷菜单，如图 7-48 所示，在该菜单中可以修改标注样式。

图 7-46　工具控制板

图 7-47　不同元素的尺寸标注

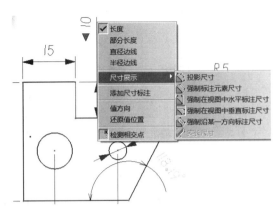

图 7-48　标注样式设置

在标注圆柱高度尺寸时可用这种方法在快捷菜单上选择"长度"，则标注出的尺寸数值前没有直径符号 φ。若双击"尺寸"▦按钮，则可连续标注尺寸。

（2）"链式尺寸"命令▦。

零件的同一方向尺寸依次首尾相接注写成链状，如图 7-49 所示。

单击"链式尺寸"命令▦，从左到右依次选择图 7-49（a）中 4 条竖直线即可完成链式尺寸标注，这种标注形式比较常用。

（3）"累积尺寸"命令▦。

零件同一方向的尺寸都以一个选定的尺寸基准注起。操作步骤与链式标注相同，其标注形式如图 7-49（b）所示，这种标注形式在机械工程图样中用的较少。

（4）"堆叠式尺寸"命令▦。

堆叠式也称坐标式，同一方向的尺寸都以一个选定的尺寸基准注起，操作步骤与链式标注相同，其标注形式如图 7-49（c）所示，是一种常用的标注形式。

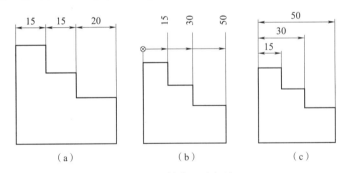

图 7-49　长度尺寸标注

（a）链式尺寸标注；（b）累积尺寸标注；（c）堆叠式尺寸标注

（5）"长度/距离尺寸"命令▦。

"长度/距离尺寸"命令可以标注如图 7-50 所示轮廓中线段的长度、图形元素间的距离及弧长尺寸。它与"尺寸"▦命令的区别是不能标注角度尺寸、圆的直径尺寸和圆弧的半径尺寸。

（6）"角度尺寸"命令▦。

该命令专门用于标注两条线段之间的角度，操作与用尺寸命令标注角度尺寸相同。

当标注的角度数值倾斜时，如图 7-51 所示，可在尺寸上单击右键，在"属性"对话框中选择"值"选项卡，可对"参考""方向""位置"及"偏移"进行设置，如图 7-52 所示。

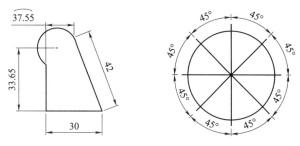

图 7-50　长度/距离/弧长尺寸　　图 7-51　倾斜的角度数值

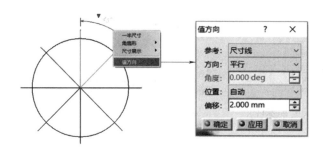

图 7-52　修改后的角度数值

（7）"半径尺寸"命令 <u>R</u> 和"直径尺寸"命令 <u>□</u> 。

这两种命令可在圆弧、圆及直线段上标注半径尺寸和直径尺寸。操作过程如下：单击"半径尺寸"或"直径尺寸"命令，并分别单击如图 7-53 所示中的圆、圆弧及直线，即可标注出带有半径或直径符号的尺寸。

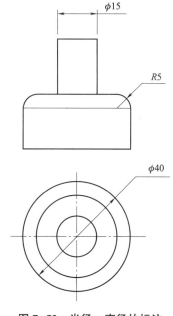

图 7-53　半径、直径的标注

（8）"倒角尺寸"命令 🔲 。

该命令主要用于轴端或孔端倒角的标注。具体操作步骤如下：

单击"倒角尺寸"命令 🔲 （在弹出的"工具控制"板上有 4 种尺寸形式及单符号、双符号两种标注样式可供选择，如图 7-54 所示，45°倒角时一般选择"长度×角度"，标注样式可根据具体位置自行确定），光标指向倒角并单击，即可标注出倒角尺寸。

当光标移至倒角尺寸并按下左键移动鼠标时，可改变倒角尺寸位置。当光标移至"单符号"倒角尺寸并单击右键时，在"属性"对话框中选择"尺寸线"选项卡，在展示窗口中选择"两部分"，如图 7-55 所示，即可改变倒角的标注样式，如图 7-56 所示。

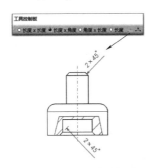
图 7-54　倒角尺寸的标注

图 7-55　选择两部分

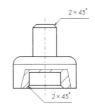
图 7-56　改变标注样式

（9）"螺纹尺寸"命令 🔲 。

该命令用于内外螺纹的标注。具体操作步骤如下：

单击"螺纹尺寸"命令 🔲 ，单击轴线两侧的大径线即可自动完成内外螺纹直径和螺纹长度的尺寸标注，如图 7-57 所示。

（10）"坐标尺寸"命令 🔲 。

该命令用于确定单点、圆心及线段交点坐标的标注。具体操作步骤如下：

单击"坐标尺寸"命令 🔲 ，单击待标注的点即可自动完成点坐标尺寸的标注，如图 7-58 所示。

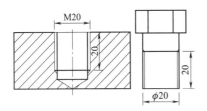
图 7-57　内外螺纹的标注

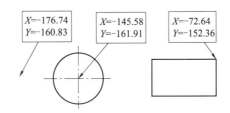
图 7-58　点坐标的标注

（11）"孔尺寸表"命令 🔲 。

该命令用于确定一系列圆的圆心点坐标及直径尺寸的标注。具体操作步骤如下：

单击"孔尺寸表"命令 🔲 ，用鼠标左键框选需要标注的圆，弹出"轴系和表参数"对话框，如图 7-59（a）所示，可以对参考坐标、生成表格及序号形式进行设置，设置完成后，单击"确定"按钮即可自动完成所选各孔的参数列表，如图 7-59（b）所示。

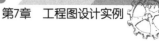

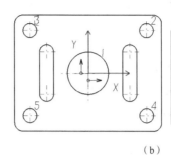

参考	X	Y	直径
1	0	0	30
2	42	30	10
3	-42	30	10
4	42	-30	10
5	-42	-30	10

（a）　　　　　　　　　　　　　（b）

图7-59　孔位图

（a）所选孔及其参数表；（b）孔位图生成设置

（12）"坐标尺寸表"命令 ▦。

该命令用于确定视图中各种点（顶点、端点、圆心点）的坐标标注，尤其适合多点的标注，具体操作步骤如下：

按下"Ctrl"键连选需要标注的圆心（如果带有若干圆的视图是由如图7-60所示的三维模型自动生成，则其圆心点应利用"创建点"的命令添加圆心点），如图7-61所示。单击"坐标尺寸表"命令 ▦，在弹出的"轴系和表参数"对话框的标题窗口中填写标题，如"定位板"，如图7-62所示，单击对话框上的"确定"按钮即可自动生成所选各圆心点的参数列表，如图7-63所示。

图7-60　所选孔模型

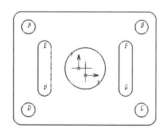

图7-61　创建圆心点并点选这些点

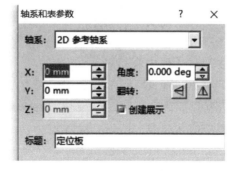

图7-62　填写标题

参考	X	Y
A	-42	30
B	42	30
C	42	-30
D	-42	-30
E	-30	15
F	30	15
G	30	-5
H	-30	-5
I	0	0

图7-63　生成尺寸表

2）尺寸要素修改

一个完整的尺寸标注包括尺寸界线、尺寸线和尺寸数字三个基本要素。无论是手动还是自动生成的尺寸，如果不符合正确、完整、清晰、合理四项要求，均需要进行调整和修改。

修改尺寸要素的步骤：先选择尺寸，单击鼠标右键，在"属性"对话框中选择相应的选项进行修改。

（1）尺寸界线的调整和修改。

标注一个尺寸时，尺寸界线与轮廓线之间如有间隙，可用鼠标左键按住尺寸界线端部的小矩形框拖至轮廓线，如图 7-64（a）所示。如果多处出现这种情况，则可选中全部尺寸后，在尺寸界线上单击右键，在弹出的"属性"对话框中选择"尺寸界线"选项卡，在此选项卡下将"消隐"两窗口数值改为"0"，则取消全部尺寸界线与轮廓线之间的间隙，如图 7-64（b）所示。通过此选项卡还可对尺寸界线的其他方面进行设置，如是否显示尺寸界线、尺寸界线超出尺寸线的距离等。

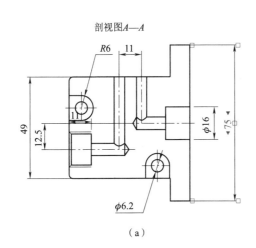

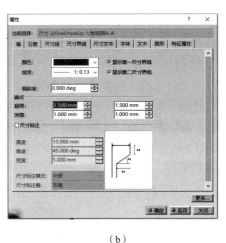

（a）

（b）

图 7-64　尺寸界线

（a）修改尺寸界线；（b）"尺寸线"选项卡

（2）尺寸线的调整和修改。

尺寸线位置的调整：可用鼠标左键按住尺寸线将其拖至合适位置后再单击左键。

尺寸线箭头的修改：如果视图中既有双箭头也有单箭头的尺寸线，一定要先选择所有双箭头的尺寸线，然后单击右键，在"属性"对话框中选择"尺寸线"选项卡，如图 7-65 所示，在此选项卡中可将"开放箭头"改为"实心箭头"。箭头形状还有其他多种形式，可以根据需要进行设定。

尺寸线展示形式修改：尺寸线展示形式有"常规""两部分""引出线的一部分""引出线的两部分" 4 种类型，如图 7-66 所示。常用"常

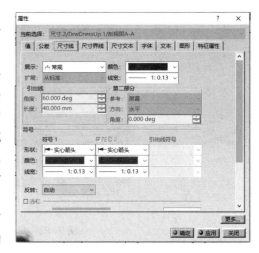

图 7-65　"尺寸线"选项卡

规"和"两部分"这两种形式。

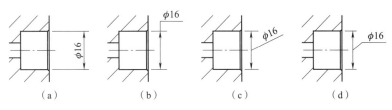

图7-66 "尺寸界线"选项卡

（a）常规；（b）两部分；（c）引出线的一部分；（d）引出线的两部分

（3）尺寸数字的调整和修改。

①尺寸数字位置的调整：按下"Shift"键的同时，在尺寸线上按下鼠标左键移动即可将尺寸数字移到合适的位置。

②尺寸数字字号的调整：全选标注的尺寸后，在界面左上角"文本属性"窗口中选择合适的字号，也可单击右键在"属性"对话框中"字体"选项下进行修改。

③尺寸数字的编辑：选择需要编辑的尺寸，如选择如图7-67（b）所示的 $\phi6.2$ mm，单击右键，在"属性"对话框中选择"尺寸文本"选项卡，在此选项卡中可对文本进行编辑。例如在"主值"左侧的窗口中填写"2X"，右侧的窗口中填写"配做"，单击"确定"按钮即可为尺寸 $\phi6.2$ mm 添加前后缀，如图7-67（b）所示。

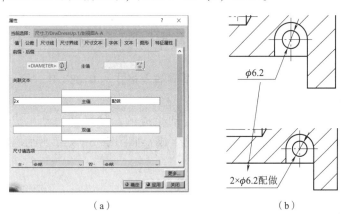

图7-67 尺寸数字编辑

（a）设置尺寸文本对话框；（b）尺寸文本修改

3）尺寸公差标注

在已经标注的尺寸上单击鼠标左键选中，界面左上角的"尺寸属性"和"数字属性"工具栏中的五个选项被激活，通过对五个选项的操作，即可标注出符合要求的尺寸公差。

（1）尺寸属性和数字属性工具栏。

激活的"尺寸属性"和"数字属性"工具栏都可展开，如图7-68所示，从左到右依次为：尺寸文字标注形式，有4种文字标注形式供选择；公差格式，系统预定义了23种公差格式供选择；上、下偏差值或公差带代号输入及选择窗口；偏差值的单位制及格式，通常选择默认格式"NUM. DIMM"；偏差值的单位精度，一般要求是精确到小数点后三位，即选择0.00100。

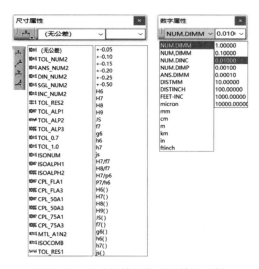

图 7-68　尺寸属性和数字属性工具栏

（2）尺寸公差在零件图和装配图上的标注示例。

不论在哪种图上标注，都是先注出公称尺寸（如 $\phi20$ mm），然后在其上单击左键，在"公差格式"窗口中选择相应格式，在"上、下偏差值或公差带代号"窗口中输入及选择相应偏差或公差带代号。如图 7-69 所示给出了在零件图上的公差标注示例。

需要说明的是，当选择一种公差格式，如图 7-69（a）所示选择"TOL-ALP1"时，打开其右侧窗口就会对应一系列优先配合的公差带代号可供选择。如果窗口中没有相应的公差带代号或偏差值选用，则可利用键盘输入。

公差带代号输入格式为 f6、G7 等，偏差值输入格式为 0.033/0、-0.020/-0.041 等，如图 7-69（b）和图 7-69（e）所示。

图 7-69（c）所示的标注是根据选项自动生成的。如不能自动生成，只需输入 f7（）即可，与 f7 对应的上下偏差在括号内会自动生成，如图 7-69（f）所示。图 7-70 给出了在装配图上三种公差带代号的标注示例。

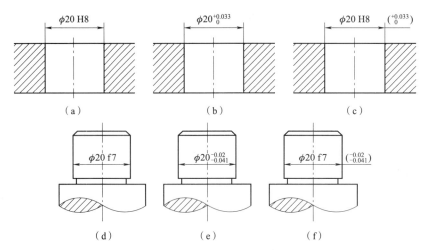

图 7-69　尺寸公差在零件图上的标注

（a）标注公差带代号的孔；（b）标注上下偏差的孔；（c）代号偏差均标注的孔；
（d）标注公差带代号的轴；（e）标注上下偏差的轴；（f）代号偏差均标注的轴

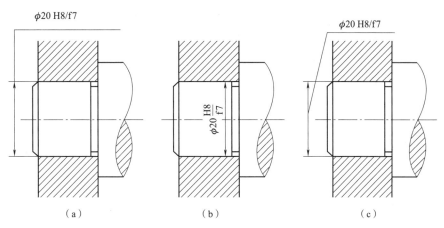

图 7-70   尺寸公差在装配图上的标注

（a）标注 1；（b）标注 2；（c）标注 3

4）标注形位公差

"标注形位公差"和"基准特征"两个命令位于"尺寸标注"工具栏的子工具栏，如图 7-71 所示。

（1）"标注形位公差" 。

"标注形位公差"的操作方法如下：

①单击"形位公差"命令图标。

②选择要标注形位公差的一个要素（视图中的图线、尺寸线、尺寸界线等）或在视图中某一区域内单击左键，就会出现一个形位公差项目框格 ，拖动鼠标时在定位点与框格之间出现一条可伸缩的指引线，如图 7-72 所示，当按下"Shift"键时，引线变成水平方向，如图 7-73 所示，移动鼠标即可调整框格的位置和方向，确定位置后单击左键，会弹出如图 7-74 所示的对话框。

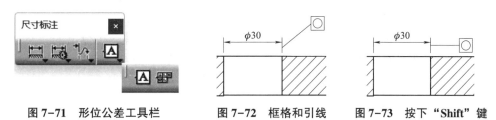

图 7-71   形位公差工具栏   **图 7-72   框格和引线**   **图 7-73   按下"Shift"键**

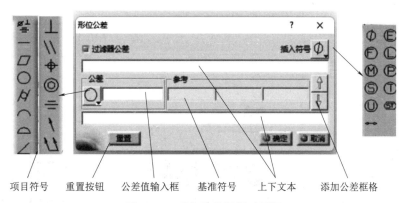

项目符号   重置按钮   公差值输入框   基准符号   上下文本   添加公差框格

图 7-74   形位公差设置对话框

③单击项目符号按钮 ，在出现的对话框中设置选项和输入公差值：首先选择需要的项目符号，如选择垂直度符号 ，在激活的"公差值"输入框内单击左键，单击"插入符号"按钮，选择直径符号 ，再用键盘输入数值，如 0.021，最后单击"插入符号"按钮，选择符号 ，在"基准符号"窗口中输入"A"，在"上文本"窗口中输入"2×"，单击"确定"按钮，完成形位公差的初始标注，如图 7-75 所示。

④调整标注：按下"Shift"键，拖动鼠标将引线移至与尺寸线对齐，右击引线端部菱形黄色图标，如图 7-76 所示，在弹出的快捷菜单中选择"符号形状"→"实心箭头"（为指引线添加箭头），最终标注效果如图 7-77 所示。

若要改变框格大小，则单击框格，在"文本属性"对话框中选择字号即可。若要修改形位公差标注，则只需在原有标注上双击左键，即可对其进行重新定义。

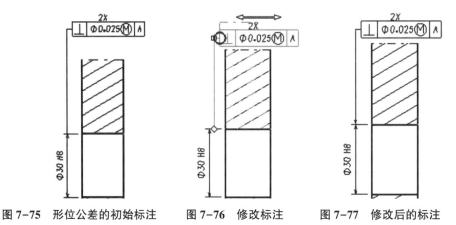

图 7-75 形位公差的初始标注　　图 7-76 修改标注　　图 7-77 修改后的标注

（2）标注基准符号 。

标注基准符号的操作方法如下：

①单击基准符号命令图标 。

②选择要标注基准的要素（如选择图 7-78 所示轮廓右边线），即刻出现一个基准符号预览，按下"Shift"键，拖动鼠标将其移至合适位置后单击左键，在弹出的"创建基准"对话框中输入与形位公差引用的基准相一致的符号（A）后单击"确定"按钮，如图 7-79 所示。

③右键单击基准符号上菱形黄色图标，在弹出的快捷菜单中选择"符号形状"→"实心三角形"，最终标注效果如图 7-80 所示。

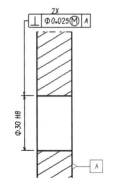

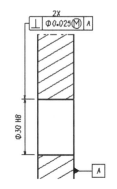

图 7-78 修改后的标注　　图 7-79 创建基准对话框　　图 7-80 完成的基准符号标注

7.2.4 生成功能工具栏

生成功能工具栏包括"自动标注尺寸""逐步生成尺寸""生成零件序号"3个选项，如图7-81所示。

图7-81 生成功能工具栏

1)"自动标注尺寸"

在工程制图工作台中，根据三维数字模型创建二维视图后，可通过执行生成功能工具栏中的"自动生成尺寸"命令，把在草图中建立的尺寸约束和在创建三维特征时建立的尺寸约束一次性生成在二维视图上。这些尺寸包括长度、角度、直径、半径等定形尺寸。

自动标注尺寸的过程和类型与"生成"选项卡中的设置有关。打开"生成"选项卡的操作如下：单击"工具"—"选项"，在弹出的"选项"对话框中选择"机械设计"—"工程制图"—"生成"选项，如图7-82所示。

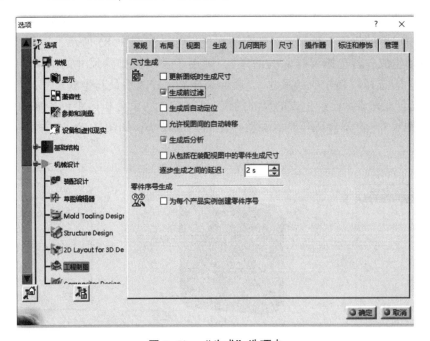

图7-82 "生成"选项卡

"生成"选项卡中的设置说明：

（1）当取消"尺寸生成"区中的所有选项时，单击"生成尺寸"命令 ，视图中会自动生成检测到的长度、直径、半径和角度等定形尺寸，如图7-83所示。

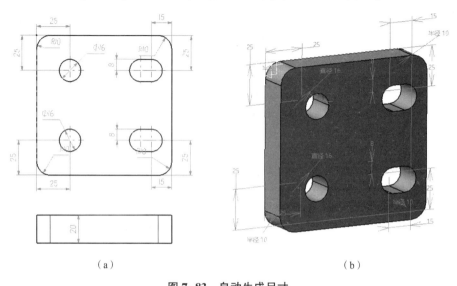

（a）   （b）

图7-83　自动生成尺寸

（a）自动生成尺寸；（b）勾选已经生成的约束

（2）当选择"生成后分析"选项后，单击"生成尺寸"命令 会弹出如图7-84所示的"生成的尺寸分析"对话框。在此对话框的窗口中：显示零件视图上的尺寸约束数是21个，注出的尺寸数是17个。在"3D约束分析"区中：若选择"已生成的约束"，就会在三维窗口中的物体上显示已经约束的定形尺寸，如图7-83（b）所示；若选择"其他约束"，就会在三维窗口中的物体上显示已经约束的定位尺寸，如图7-85所示，这些尺寸在二维视图上没有自动生成；若选择"排除的约束"，则用于显示被排除尺寸的约束。在"2D尺寸分析"区中：若选择"新生成的尺寸"，就会高亮显示修改后最新生成尺寸；若选择"生成的尺寸"，就会高亮显示已经生成的尺寸约束，它与3D约束分析区中已生成的约束相对应；若选择"其他尺寸"，就会高亮显示手动标注的其他尺寸，如图7-86中手动标注的总长和总高尺寸100。

图7-84　"生成的尺寸分析"对话框

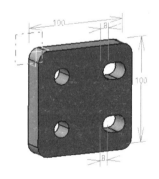

图7-85　3D中的其他约束

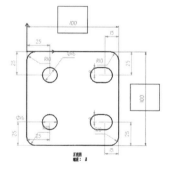

图7-86　2D中的其他约束

使用如图7-84所示的对话框时,最好能同时看到如图7-83所示的三维立体和二维视图两个窗口。若需同时显示两窗口,则单击"窗口"—"垂直平铺"即可。

(3)当选择"生成前过滤"选项后,可以在装配图中对零件的视图进行选择性的标注。

单击"生成尺寸"命令 ,会弹出如图7-87所示的"尺寸生成过滤器"对话框,在此对话框中单击"添加所有零件"按钮,会把装配体中的所有零件添加到对话框的窗口中(如图7-88所示的轴和带轮),若此时单击"确定"按钮,将生成窗口中所有零件的尺寸。若将选中(选中轴,单击移除)的零件移除后单击"确定"按钮,则只标注保留零件的尺寸,如图7-89所示。若同时选择"生成后分析"选项,则在显示的二维、三维两窗口中对尺寸进行分析。

图7-87 "尺寸生成
过滤器"对话框

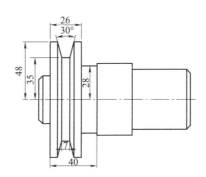

图7-88 移除轴的尺寸标注

图7-89 轴与带轮

2)"逐步生成尺寸"

"逐步生成尺寸"与"一次性生成尺寸"的设置和操作相同,区别在于执行"逐步生成尺寸"命令时,在弹出的"逐步生成尺寸"对话框中单击"下一个尺寸生成"按钮,将会按设定的时间间隔在视图上逐个生成检测到的全部尺寸。生成全部尺寸后,对话框自动消失。读者可用"逐步生成尺寸"命令生成全部尺寸,这里不再赘述。

从图7-90中可看出,不论采用哪种方式自动生成尺寸,都不能完全符合尺寸标注要正确、完整、清晰、合理的四项要求。因此自动生成尺寸后,应根据要求对尺寸进行手动修改。图7-91所示为修改后的尺寸标注。

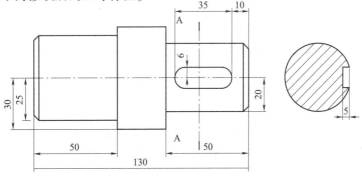

图7-90 自动生成的尺寸标注

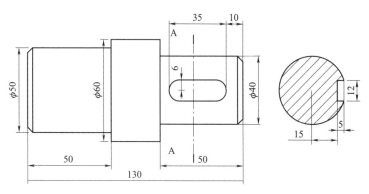

图7-91 修改后的尺寸标注

7.2.5 标注工具栏

"标注"工具栏包括"文字注释""粗糙度和焊接符号标注""表格"3个命令，如图7-92所示。本部分着重介绍文字注释、表面粗糙度和焊接符号标注命令。

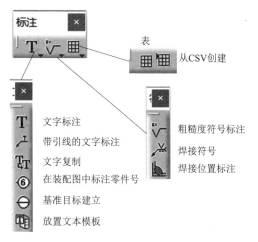

图7-92 注释工具条

1）"文字注释" **T**

标注文字的操作方法如下：

（1）激活需要标注文字的视图。

（2）单击"文本"命令 **T**。

（3）在视图中的合适位置单击左键，出现绿色框及"文本编辑器"对话框，如图7-93（a）所示。

（4）选择输入法，在文本编辑器中输入文字，换行时需在按下"Shift"键的同时按下回车键。

（5）如若改变字体大小，则可在文本编辑器中将其刷蓝，在"文本属性"工具栏中选择字号（技术要求四个字选择的是5号字），单击"确定"按钮完成文字的注写，如图7-93（c）所示。

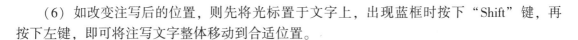

（6）如改变注写后的位置，则先将光标置于文字上，出现蓝框时按下"Shift"键，再按下左键，即可将注写文字整体移动到合适位置。

| （a） | （b） | （c） |

图7-93 文字的注写与编辑

（a）文本注写；（b）文本编辑对话框；（c）完成文本

在"文本编辑器"对话框中键入文字时，可在"文本属性"工具栏中设置输入文字的字体、字高、格式、对齐方式和插入的特殊符号等，方法同Microsoft Word，在此不再赘述。

2）"表面粗糙度"

标注表面粗糙度的操作方法如下：

（1）单击标注工具栏中的"表面粗糙度"命令图标。

（2）单击欲标注表面的轮廓线时（单击的点即为标注表面粗糙度符号的定位点），即刻出现一个粗糙度符号预览并显示"粗糙度符号"对话框，该对话框内各窗口及各按钮的含义如图7-94所示。

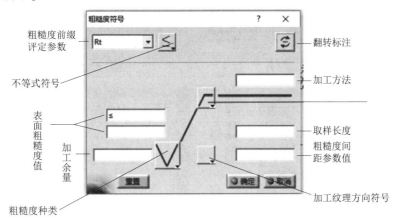

图7-94 完成的基准符号标注

（3）在该对话框各个窗口中键入值，标注、预览同步显示。由于"轮廓算术平均偏差"被广泛用于评定零件表面精度，因此可按图7-95进行设置。标注后如方向不对，则可单击"翻转标注"按钮改变符号方向；如位置不理想，则可在按住"Shift"键的同时用鼠标拖至适当位置。常规标注如图7-96所示。

3）焊接图中焊缝的标注

焊接图是提供焊接加工的一种图样，它除了把焊接件的结构表达清楚以外，还必须把焊接工艺的相关内容表示清楚，例如焊接接头的形式、焊缝形式、焊缝尺寸、焊接方法等。焊缝的画法、符号、尺寸标注方法和焊接方法应按规定的焊接符号或焊缝断面符号注写在图样上。

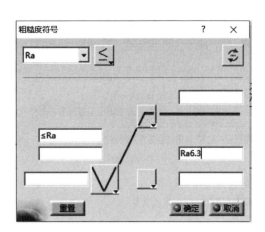

图 7-95　对话框中的设置

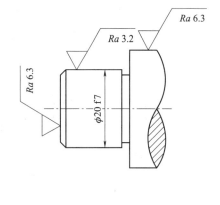

图 7-96　粗糙度符号的标注

焊接符号的标注具体步骤如下：

（1）创建焊接对话框。

单击标注工具栏中的"焊接符号"命令图标 ，在视图中选择要标注的元素，会出现与引线相连的水平基准线，单击左键就会弹出创建焊接对话框，其上各项内容的含义及相对基准线的位置如图 7-97 所示。

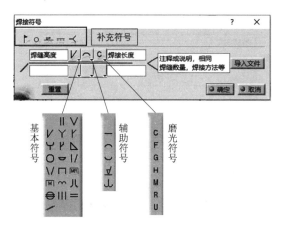

图 7-97　创建焊接对话框

（2）引线相对焊缝的位置及基本符号相对基准线的位置。

为了能在图样上确切地表示焊缝的位置，标准中规定了基本符号相对基准线的位置，如图 7-98 所示。

若焊缝在接头的箭头侧，则基本符号应标注在基准线的实线侧，如图 7-98（a）所示。

若焊缝在接头的非箭头侧，则基本符号应标注在基准线的虚线侧，如图 7-98（b）所示。

标注对称焊缝及双面焊缝时，基准线可不加虚线，如图 7-98（c）所示，图中标注表示双角焊缝、焊缝断面高度 6 mm、焊缝段数为 5、焊缝长度和焊缝间隔均为 20 mm，相同焊缝有 3 处。

标注现场配焊的圆周焊缝时，其形式如图 7-98（d）所示。

图 7-98（e）表达的含义为，箭头所指部位为对接接头单面单边削斜坡口焊缝，坡口角度为 45°，坡口间隙为 0~3 mm，坡口钝边高度为 0~3 mm，焊后焊缝余高需打磨平；背面为单边角焊缝，焊后需要有余高。

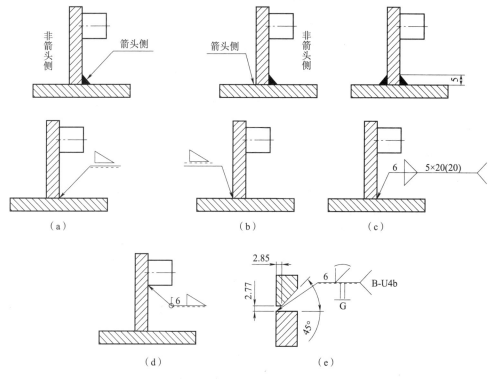

图 7-98 引线、焊缝、基本符号及基准线间位置关系

（a）箭头在实线侧；（b）箭头在虚线侧；（c）双面焊缝；（d）现场圆周焊缝；（e）坡口焊

4）"焊接符号"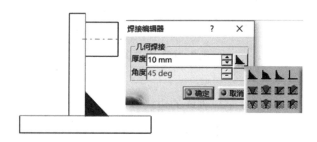

焊缝断面形状的创建。单击标注工具栏中的"焊接符号"命令，在视图中选择要标注的元素，会出现"焊接编辑器"对话框，选择不同的焊缝断面进行标注，如图 7-99 所示。

图 7-99 焊缝断面形状创建

7.2.6 修饰工具栏

修饰工具栏中包括"生成中心线""生成剖面线""箭头"3 个选项，如图 7-100 所示。"修饰"命令与交互式绘图和创成式绘图配合使用，对工程图进行完善。

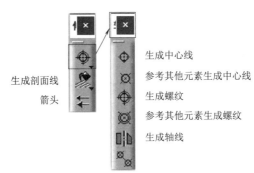

图 7-100　修饰命令

1）"生成中心线" ⊕

单击"生成中心线"命令，然后选择需要生成中心线的圆，结果如图 7-101 所示。

2）"参考其他元素生成中心线" ⊚

单击"参考其他元素生成中心线"命令，选择要生成中心线的 ϕ10 mm 圆，再选择参考的 ϕ20 mm 圆，结果如图 7-102 所示。

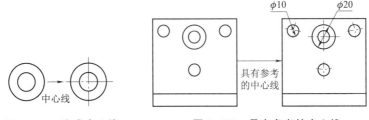

图 7-101　生成中心线　　　　图 7-102　具有参考的中心线

3）"生成螺纹" ⊕

单击"生成螺纹"命令，选择要生成螺纹的圆，结果如图 7-103 所示。"参考其他元素生成螺纹"命令与"生成螺纹"命令类似，单击"参考其他元素生成螺纹"命令 ⊚，选择要生成螺纹的圆，再选择参考元素，即可生成外螺纹和内螺纹。

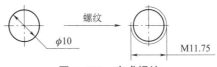

图 7-103　生成螺纹

4）"生成轴线" ⅢⅠ

单击"轴线"命令，选择要生成轴线的边线，即可将边线变成轴线，如图 7-104 所示。

图 7-104　轴线

5）"生成剖面线" ▨

单击"生成剖面线"命令，选择要填充剖面线的区域边线，生成剖面线，结果如

图 7-105 所示。

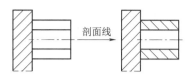

图 7-105　剖面线

6）绘制箭头 ←

利用"箭头"命令可在工程图中绘制带箭头的引线。

7.3　创建图框和标题栏

在工程制图工作台中完成一个零件或部件的视图表达、尺寸标注、技术要求（尺寸公差、形位公差、表面粗糙度）等内容后，应利用插入功能为图纸添加图框和标题栏。

7.3.1　插入图框和标题栏

CATIA V5 系统提供了几个图框和标题栏的样板文件，可以在工程图设计过程中的任意时段插入使用。

插入图框和标题栏的操作方法如下：

（1）单击"编辑"下拉菜单，选择"图纸背景"，操作界面将显示蓝灰色的图纸背景层。

（2）单击如图 7-106 所示"工程图"工具栏中的"框架和标题块"命令图标 □ 或选择"插入"—"工程图"—"框架和标题块"选项，都可弹出如图 7-107 所示的"管理框架和标题块"对话框。

图 7-106　插入图框和标题栏的路径　　　图 7-107　"管理框架和标题块"对话框

（3）在该对话框中选择已有的样式，如绘制标题节点示例 1，在右侧预览窗口显示该样式的预览，并在"指令"列表中选择要执行的操作。

（4）单击"确定"按钮，即为当前图纸页插入了选择的图框和标题栏，如图 7-108 所示。

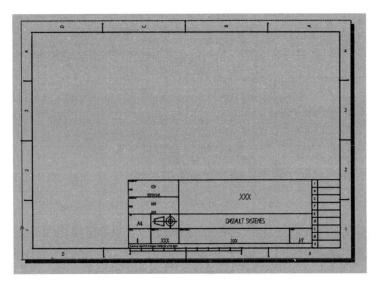

图 7-108 插入法的图框和标题栏

由于系统中没有符合我国机械制图国家标准规定的图框和标题栏样式，因此可利用工程制图工作台中提供的二维绘图工具绘制符合我国标准规定的图框和标题栏样式，将其保存在指定位置后，利用相应的操作将其插入到当前图纸页中。

7.3.2 绘制图框和标题栏

在工程制图工作台中绘制图框和标题栏的操作方法如下：

（1）单击"编辑"下拉菜单，选择"图纸背景"，进入显示蓝灰色的图纸背景层。

（2）利用"绘图"与"编辑"命令绘制图框和标题栏，图 7-109 所示为标准的 A3 图幅，按照标准绘制完成的图幅取名（GBA3tuzhi）并保存在指定文件夹位置，以备插入时调用。

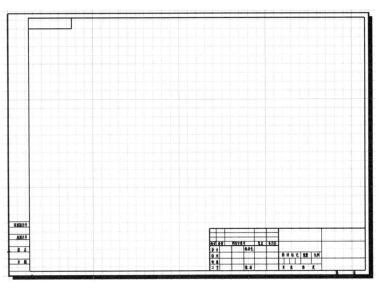

图 7-109 在图纸背景层绘制的图框和标题栏

（3）插入绘制好的"GBA3tuzhi"。

①单击"编辑"下拉菜单，选择"图纸背景"，进入显示蓝灰色的图纸背景层。

②单击"文件"下拉菜单，选择"页面设置"，弹出"页面设置"对话框，在此对话框中的设置如图7-110所示。

③单击"页面设置"对话框中的"插入背景视图"按钮，弹出如图7-111所示的"将元素插入图纸"对话框，单击该对话框中的"浏览"按钮，弹出如图7-112所示的"文件选择"对话框，在此对话框中选择"GBA3tuzhi"文件后，单击"打开"，该图纸出现在"将元素插入图纸"对话框的预览窗口中，如图7-113所示。

图 7-110 "页面设置"对话框

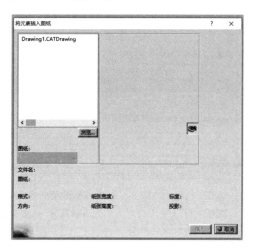

图 7-111 "将元素插入图纸"对话框

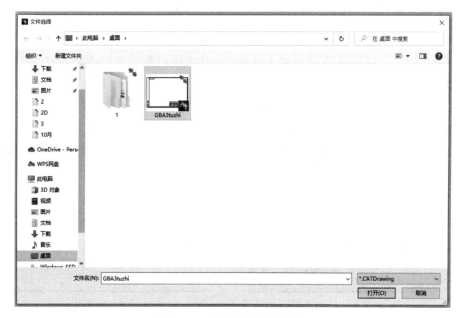

图 7-112 选择要打开的文件

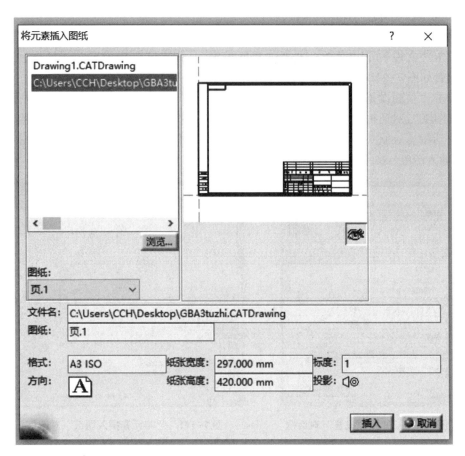

图 7-113 预览"GBA3tuzhi"标准图纸

④单击"插入"按钮，再单击"页面设置"对话框中的"确定"按钮，即将具有标准图框和标题栏的"GBA3tuzhi"图纸插入到当前工作视图页面之上，如图 7-114 所示。

图纸背景页和工作视图页的编辑修改：在图纸背景页上，只能对该页上的信息进行编辑修改，若要修改工作视图页上的信息，则应单击工具栏中"编辑"下拉菜单，选择"工作视图"，即可切换到工作视图页中对该页上的信息进行编辑修改。

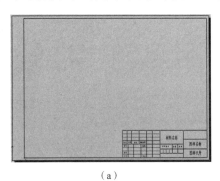
（a）

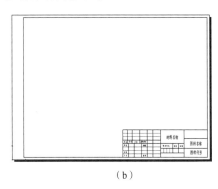
（b）

图 7-114 插入"GBA3tuzhi"标准图纸

（a）图纸背景；（b）工作视图

7.4　零件与部件装配图创建实例

7.4.1　实例 7-1

如图 7-115 所示，以引射器为例，完成装配图的创建。装配图需包含的内容：清晰的视图，必要的尺寸，相关的技术要求，以及正确的序号、明细栏、标题栏四项内容。

注：在三维装配体的基础上生成二维装配图的过程与前述由零件生成二维视图的过程相同，此处不再赘述。

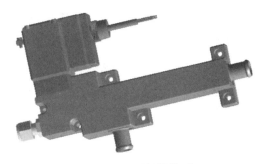

图 7-115　引射器模型

创建步骤：

（1）根据装配体结构，确定表达方案，从而确定图纸幅面。具体操作：打开引射器文件，进入工程制图工作台，选择 A3 幅面图纸。

（2）因阀体为外购件，无内部结构展示，故本例在装配图中不做展示，具体操作在步骤（3）中说明。在图 7-116 所示的左视图中，利用"偏移剖视图"命令 ，通过中心线剖切得到全剖视图。

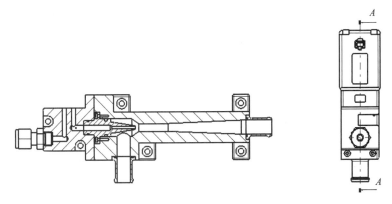

图 7-116　全剖视图

（3）根据机械制图国家标准的规定：当剖切平面通过实心杆件的对称面、实心轴及螺纹紧固件的轴线剖切时，这些零件在装配图中均按不剖绘制。因此在剖切前应确定哪些零件按不剖绘制，然后利用"属性"对话框进行修改，具体步骤如下：

①切换到装配设计工作台，在特征树上连续选择不剖零件，如选择如图 7-117 所示的零件。单击右键，在"属性"对话框中选择"工程制图"选项卡，勾选"请勿在剖视图中切除"复选框，单击"确定"按钮，如图 7-118 所示。

图 7-117　选择不剖的零件

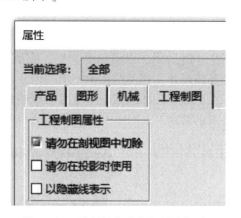

图 7-118　选择请勿在剖视图中切除

②切换到工程制图工作台，单击"更新"按钮 ，重新生成剖视图即可。

③在视图的外框上单击右键，在"属性"对话框的"视图"选项卡中选择"中心线""轴""螺纹"复选框按钮，单击"确定"按钮，则会为视图添加中心线及自动显示内外螺纹的画法，图 7-119 所示为修改过后的剖视图。

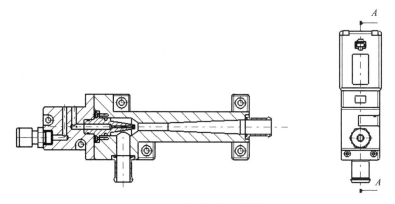

图 7-119　修改后的剖视图

以上过程也可逆向操作，即先在装配设计工作台中选择不剖切的零件，然后在工程制图工作台中进行剖切。此种操作不必更新即可剖出如图 7-116 所示剖视图。

（4）标注必要的尺寸（性能尺寸、装配尺寸、总体尺寸、安装尺寸及其他重要尺寸）。在引射器装配图上标注性能尺寸，可在已注出的尺寸上单击右键，在"属性"对话框中选择"值"选项卡，其设置如图 7-120 所示。其他尺寸按前述方法标注即可。

（5）装配图上的技术要求一般用文字加以说明，注写在图纸的空白处。

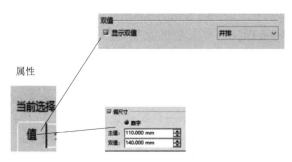

图 7-120　尺寸数值的标注

（6）序号、明细栏、标题栏。

①装配图中每种零件编写一个序号。具体操作：单击"标注"—"文本"—"零件序号"命令 ⊙，单击零件视图的轮廓，出现一个圆圈并有引线相连的序号线，同时弹出"创建零件序号"对话框。填写序号数字（序号数字应比图中尺寸数字大一号，展开"文本属性"对话框中的"字体大小"窗口，选择 7 mm 字），完成后单击"确定"按钮。如位置不理想，则可按下"Shift"键拖动圆圈调整序号的位置。重复此过程完成全部序号的编写。

②明细栏的绘制（绘制图 7-127 中的明细栏）。明细栏应在图纸背景下与标准图幅和标题栏一起绘制保存，作为反复调用的图形文件。具体操作如下：

a. 选择标注工具栏中的"表"选项 ⊞，弹出如图 7-121 所示的"表编辑器"对话框，在此对话框中输入列数、行数后单击"确定"按钮。在适当位置单击左键确定一个基准点后便显示预设 8 列、7 行的一个表格，如图 7-122 所示。

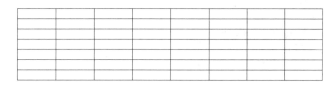

图 7-121　"表编辑器"对话框　　　　　　图 7-122　预设的表格

b. 单击并拖动表格可将其移到新的位置。

c. 双击表格后，即在其外框添加了可对预设的表格进行编辑修改的编辑框，如图 7-123 所示。

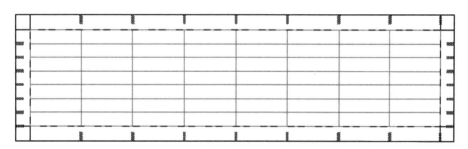

图 7-123　表格编辑框

d. 当光标移到编辑框上下边框时会出现 图标，此时单击左键选择整列。当光标移到编辑框左右边框时出现 图标，单击左键会选择整行。将十字光标移至表格上，按下左键划动鼠标可同时选择划动区域内的行和列。在表格外任一处单击左键，会取消编辑框。

e. 当选择好一列后，单击右键会弹出屏幕菜单进行相应编辑。例如选择第一列后单击右键，在弹出的菜单中选择"设置大小"后，在弹出对话框的"列宽"文本框中输入"8 mm"，单击"确定"按钮，即完成第一列宽度设置，如图 7-124 所示。重复此过程，确定第二列宽度为 40 mm，第三列宽度为 44 mm，第四列宽度为 8 mm，第五列宽度为 38 mm，第六列宽度为 10 mm，第七列宽度为 12 mm，第八列宽度为 20 mm。

图 7-124　选择"设置大小"，输入列宽为 8 mm

f. 设置行高：由于行高均为 7 mm，故可用 图标从第一行向上划动鼠标选择至最上一行后单击右键，在"行高"对话框中输入"7 mm"，完成全部行高的设置。

g. 合并行或列：用光标选择要合并的两行，单击右键，在弹出的屏幕菜单中选择"合并"，完成两行合并，如图 7-125 所示。重复此过程，完成的明细栏如图 7-126 所示。

（a）　　　　　　　　　　　　　　　　　（b）

图 7-125　行合并操作

（a）合并行；（b）完成行的合并

图 7-126　编辑完成的明细栏

h. 利用"文本"命令 **T**，将序号所对应的零件信息填写在明细栏中，完成的明细栏及标题栏的填写如图 7-127 所示。

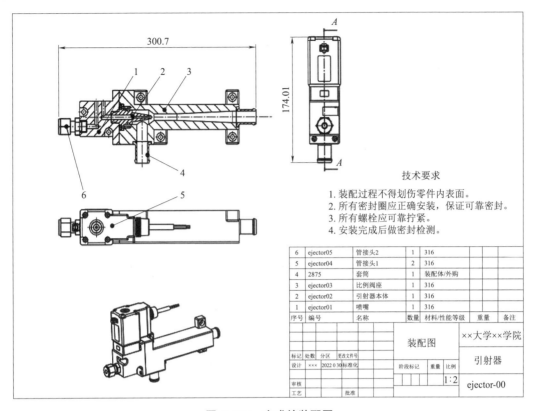

6	ejector05	管接头2	1	316		
5	ejector04	管接头1	2	316		
4	2875	套筒	1	装配体/外购		
3	ejector03	比例阀座	1	316		
2	ejector02	引射器本体	1	316		
1	ejector01	喷嘴	1	316		
序号	编号	名称	数量	材料/性能等级	重量	备注

技术要求

1. 装配过程不得划伤零件内表面。
2. 所有密封圈应正确安装,保证可靠密封。
3. 所有螺栓应可靠拧紧。
4. 安装完成后做密封检测。

图 7-127 完成的装配图

7.4.2 实例 7-2

如图 7-128 所示,以减速器轴为例,完成装配图创建。

图 7-128 减速器轴

创建步骤:

(1)根据零件结构,确定表达方案,从而确定图纸幅面。具体操作:打开"减速器轴"文件,进入工程制图工作台,选择 A3 幅面图纸。

（2）创建断面图。用"偏移的截面分割"命令 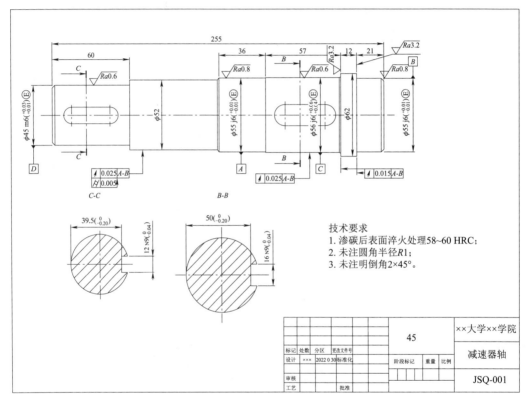 创建平键所在位置轴的断面图，分别为 B-B 和 C-C。

（3）标注尺寸及尺寸公差。用"直径尺寸"命令 标注各段轴颈，用"尺寸"命令 标注各轴的长度尺寸。"尺寸公差样式"选择 ISOCOMB 样式 ，"包容要求"可以通过文字功能实现。

（4）标注形位公差。用基准特征标出各位置的基准符号，用"形位公差"命令标注跳动、圆柱度等形位公差。

（5）标注表面精度。用粗糙度符号标出轴承、齿轮安装轴颈的表面粗糙度。

（6）标注技术要求。用文字功能列出技术要求。

（7）修改图框标题栏，完成零件图的创建，结果如图 7-129 所示。

图 7-129　齿轮轴零件图

7.5　实战练习

（1）根据图 7-130 所示喷嘴零件图创建三维实体，生成工程图，并完成标注。

（2）根据图 7-131 所示弓射器本体创建三维实体，生成二维图，并进行标注。

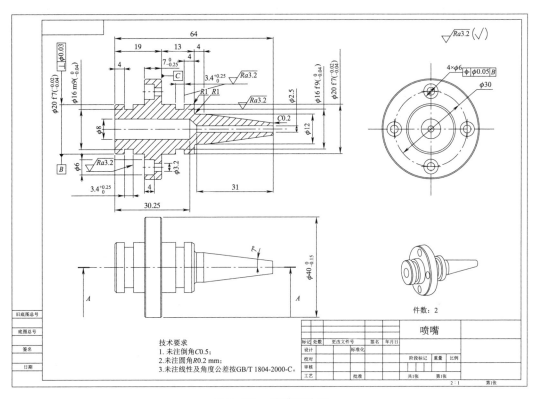

图 7-130 喷嘴零件图

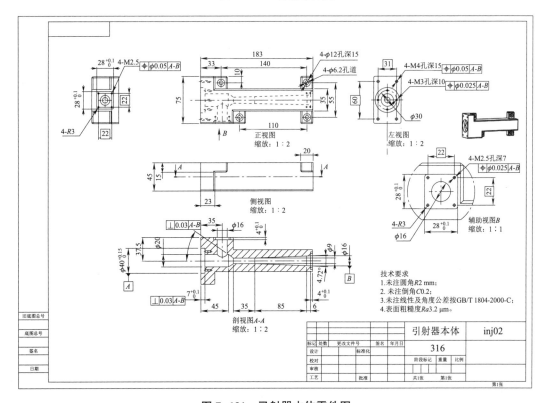

图 7-131 弓射器本体零件图

（3）根据图 7-132 所示千斤顶的装配图，利用提供的三维部件先完成零件装配，后导出装配图，并完成标注。

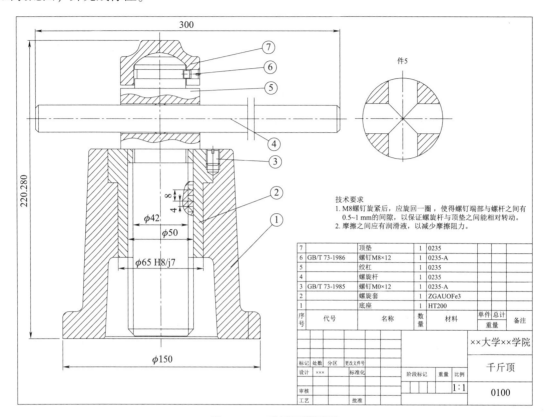

技术要求
1. M8螺钉旋紧后，应旋回一圈，使得螺钉端部与螺杆之间有0.5~1 mm的间隙，以保证螺旋杆与顶垫之间能相对转动。
2. 摩擦之间应有润滑液，以减少摩擦阻力。

7		顶垫	1	0235		
6	GB/T 73-1986	螺钉M8×12	1	0235-A		
5		绞杆	1	0235		
4		螺旋杆	1	0235		
3	GB/T 73-1985	螺钉M0×12	1	0235-A		
2		螺旋套	1	ZGAUOFe3		
1		底座	1	HT200		
序号	代号	名称	数量	材料	单件 总件 重量	备注

					××大学××学院	
标记	处数	分区	更改文件号		千斤顶	
设计	×××		标准化	阶段标记	重量	比例
审核					1:1	0100
工艺			批准			

图 7-132　千斤顶装配图

第8章
参数化设计实例

🎯 **知识要点** ▶▶ ▶

1. 参数化设计的环境设置；
2. 参数化设计的方法。

🎯 **能力要求** ▶▶ ▶

1. 掌握参数化设计的环境设置；
2. 掌握变量参数的设置和公式设置。

🎯 **相关知识** ▶▶ ▶

1. 知识工程工具；
2. 创建参数、创建公式、创建法则。

在进行机械设计的过程中，常用到一些拥有相同几何拓扑结构的常用件和标准件，为了能够实现标准件和常用件的快速建模，在 CATIA 中可以利用知识工程工具栏的相关命令进行变量参数设置和由变量参数构成的公式设置，以实现只要改变零件结构的几何参数，就可以生成同型号、不同大小的新规格常用件和标准件。

8.1 知识工程工具简介

CATIA 知识工程工具具备应用变量参数及由变量参数构成的公式对零件几何元素或尺寸约束的直接驱动功能，以及应用参数方程间接驱动零件几何元素尺寸约束的高级功能。"知识工程"工具栏如图 8-1 所示，默认放置于通用工具栏中。本部分主要介绍知识工程中"公式"命令 **f(x)** 和"规则"命令 **f(x)** 的使用。

图 8-1　"知识工程"工具栏

8.1.1 环境设置

在利用知识工程工具栏进行参数化设计前，必须先改变 CATIA 软件的默认环境设置，否则在特征树上无法显示参数变量和公式。在"选项"对话框中修改设置：单击"常规"—"参数和测量"—"知识工程"—"参数树型视图"，勾选"带值"和"带公式"选项；单击"基础结构"—"零件基础结构"—"显示"，勾选"参数"和"关系"选项，如图 8-2 和图 8-3 所示。

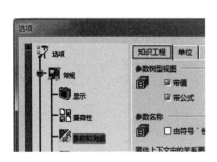
图 8-2 "带值"和"带公式"设置

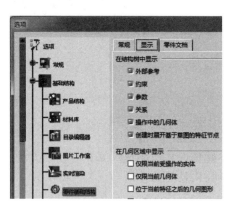
图 8-3 "参数"和"关系"设置

8.1.2 创建参数

进行参数化建模的第一步是先设置参数，具体操作步骤如下：

（1）单击知识工程工具栏中的"公式"命令 $f\!\infty$，显示"公式：零件1"对话框，如图 8-4 所示。

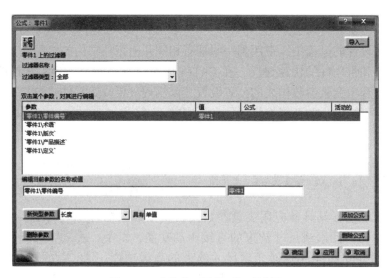
图 8-4 "公式：零件1"对话框

（2）可以根据需要在"新类型参数"列表中选择需要创建的参数类型，例如选择"长度"和"单值",单击"新类型参数",之后在"编辑当前参数的名称或值"的位置输入变量参数（a）和变量参数的数值（50），单击"确定"按钮完成参数变量 a 的设置，在特征树上显示参数，如图 8-5 所示。

图 8-5　"编辑当前参数的名称或值"

（3）可以利用相同的方法再创建两个变量参数 b 和 c，或者可以在特征树上直接复制已经创建完毕的变量参数 a，在参数下连续粘贴两次，出现"a.1""a.2"，逐个双击，出现"编辑参数"对话框，在对话框内修改变量参数名称和相应的数值，修改完成后单击"确定"按钮，即完成在参数特征树上参数列表的快速建立，如图 8-6 所示。

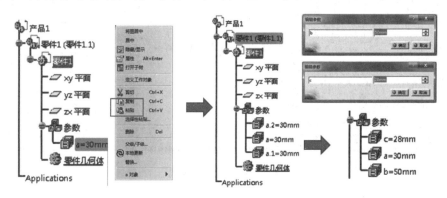

图 8-6　快速修改变量参数名称和相应数值

（4）在草图编辑器中绘制一个矩形，然后约束长和宽的尺寸，在约束好的尺寸上单击鼠标右键，选择对话框中的"对象"命令，在下拉菜单中选择"编辑公式"选项，如图 8-7 所示。在出现的"公式编辑器"对话框的公式字段输入参数 a（或者可以通过在全部的成员中选择参数 a），单击"确定"按钮即可，如图 8-8 所示。对多个参数可采用相同的操作步骤。

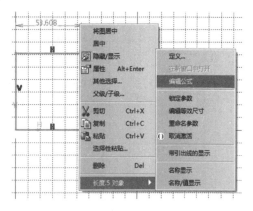

图 8-7　在尺寸标注中选择编辑公式

图 8-8　编辑驱动公式

（5）退出草图编辑器，单击"拉伸"命令，在"定义凸台"对话框中的长度处单击鼠标右键，在出现的菜单中选择编辑公式，在"公式编辑器"对话框中的公式字段输入参数 c（或者可以通过在全部的成员选择框中选择参数 c），单击"确定"即可，如图 8-9 所示。

到此，就实现了对矩形凸台长、宽、高的参数控制设置，可以通过改变长宽高的数值来快速修改三维实体的尺寸，不需要在进入草图中进行尺寸的修改，如图 8-10 所示。

图 8-9　编辑驱动公式

图 8-10　长、宽、高参数化模型

8.1.3　创建公式

参数设置好之后，利用公式编辑器还可以进行公式的编辑，以实现利用参数和公式联合约束相关的几何元素。导出公式编辑器的方式如下：

（1）单击"公式"命令 $f\infty$，出现"公式：零件1"对话框，如图8-11所示，双击将要修改的参数 c，出现公式编辑器，在公式字段输入"a-b"，单击"确定"按钮，如图8-12所示。

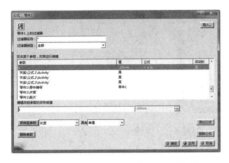

图8-11　"公式：零件1"对话框

图8-12　公式编辑器

（2）在"公式：零件1"对话框中选择要添加公式的参数，然后单击"添加公式"按钮，也可以出现公式编辑器，之后按相同的方法添加公式。

（3）此外可以在特征树上单击变量参数名称，单击右键的上下文级联菜单，也可以出现公式编辑器，之后按相同的方法添加公式。

（4）在"特征定义"对话框的输入栏中，单击 $f\infty$ 按钮或右键的上下文级联菜单，如图8-13所示，也可以出现公式编辑器，之后按相同的方法添加公式。

（5）在草图模块中，在已经添加好的几何尺寸上单击右键出现的上下文级联菜单中也可以出现公式编辑器，之后按相同的方法添加公式。

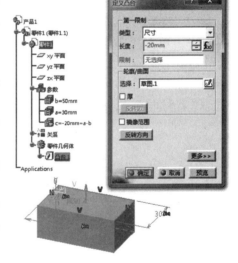

图8-13　参数和公式联合约束几何元素的相关参数

8.1.4　创建法则

创建法则即创建法则曲线关系，此关系中一个参数根据需要按一定函数规律变化来定义另一个参数，如正弦函数曲线、余弦函数曲线等。法则是CATIA实现参数方程输入并对几何元素进行精确约束的重要工具，常用于创成式外形设计工作台中的"平行曲线"。想要生成函数法则曲线，首先要创建函数法则关系式，具体步骤如下：

（1）进入创成式设计工作台，利用"直线"命令创建一条直线。在"直线"对话框中，"线型"选择"点-点"，在点1处右键选择创建点，利用坐标（$X=0$，$Y=0$，$Z=0$）创建一个点；在点2处用相同的方法，创建坐标为（$X=0$，$Y=0$，$Z=100$）的点，单击"确定"按钮，创建一条直线，如图 8-14 所示。

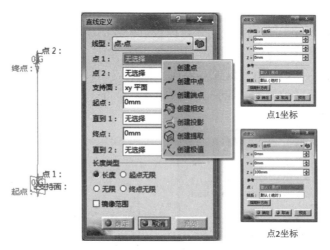

图 8-14　利用"点–点"创建一条直线

（2）在"通用"工具栏中单击"规则"命令 ，显示"法则曲线编辑器"消息框，如图 8-15 所示，单击"确定"按钮，出现"规则编辑器"对话框，在对话框的右上角创建法则曲线中要用到的参数，在左上角编辑法则曲线公式。单击"新类型参数"按钮，创建两个实数类型的参数 A 和 B，然后在编辑窗口中输入法则曲线公式"A = 5 * sin（5 * PI * 1rad * B）+10"，单击"确定"按钮，在特征树关系节点下即显示出已经添加的"法则曲线 .1"，如图 8-16 所示。

图 8-15　"法则曲线 编辑器"消息框

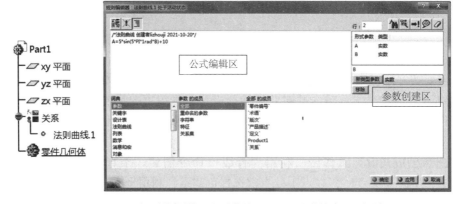

图 8-16　"规则编辑器：法则曲线 .1 处于活动状态"对话框

（3）进入创成式外形设计工作台，创建一条与步骤1中创建的直线平行的曲线，单击"平行曲线"命令 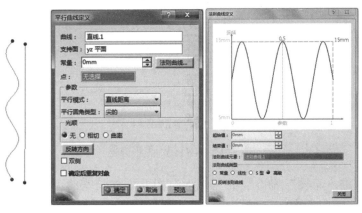，弹出"平行曲线定义"对话框，选择已经创建好的直线作为参考曲线，并设定支持平面，单击法则曲线，弹出"法则曲线定义"对话框，选择"高级"为法则曲线类型，以激活法则曲线元素输入栏，单击特征树上的"法则曲线.1"，单击"关闭"按钮回到"平行曲线定义"对话框，单击"确定"按钮即根据上述法则创建了与所选直线平行的曲线，如图 8-17 所示。

图 8-17 利用法则创建了与所选直线平行的曲线

8.2 零件参数化绘制实例

8.2.1 实例 8-1

根据所给 SHIM4-W25-L100-E15-P20-Q25-H3 型号垫片的参数表 8-1，利用参数化建模创建垫片。

表 8-1 垫片参数及公式

序号	参数名称	参数符号和公式	数值
1	开孔数量	No.	4
2	垫片长度	L	100
3	垫片厚度	H	3
4	垫片宽度	W	25
5	孔直径	B	11
6	第一孔中心位置	E	15
7	孔间距1	P	20
8	孔间距2	Q	25

绘制步骤：

（1）单击"公式"命令，进入公式编辑器，依照垫片参数表 8-1，创建垫片相关参数，如图 8-18 所示。

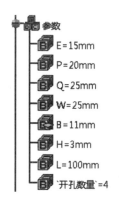

图 8-18　垫片相关参数创建

（2）单击"进入草图"命令，绘制矩形草图并添加长宽约束，在长约束上右键选择"长度.47 对象"—"编辑公式"，弹出"公式编辑器"对话框，在"公式编辑器"对话框中输入要选择的参数 L，如图 8-19 所示，用同样的方法用参数 W 驱动宽约束。

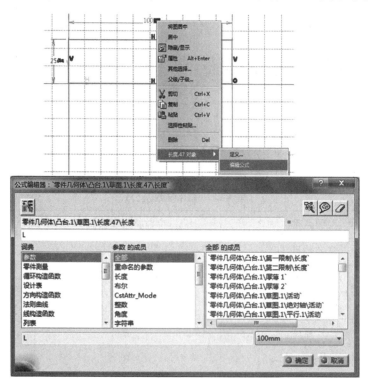

图 8-19　绘制矩形草图轮廓并添加长宽的驱动公式

（3）退出草图，利用"凸台"命令 生成零件实体，在弹出的"定义凸台"对话框中单击"长度"后方 $f(x)$ 图标,设置驱动参数为"H",单击"确定"按钮,如图 8-20 所示。

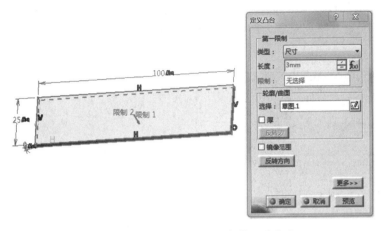

图 8-20 生成凸台并添加高的驱动公式

(4)选择已经生成的凸台上表面,进入草图,利用"轮廓"命令 绘制凸型草图轮廓,利用同样的方法设置相关尺寸的参数驱动,如图 8-21 所示。

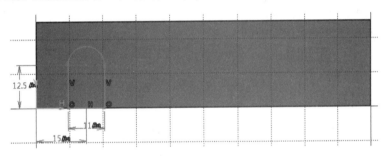

图 8-21 绘制草图轮廓并添加相关参数的驱动公式

(5)退出草图,利用"凹槽"命令 生成凹槽,在弹出的"定义凹槽"对话框中单击"深度"后方 $f(x)$ 图标,设置驱动参数为"H",单击"确定"按钮,如图 8-22 所示。

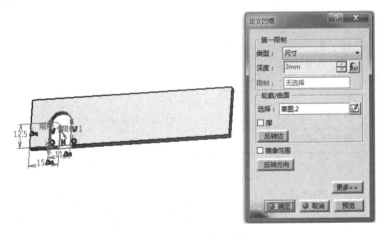

图 8-22 生成凹槽

（6）单击"阵列"命令 ▦，弹出"定义矩形阵列"对话框，选择参数类型为"实例和不等间距"，"实例"输入4，"间距"单击后方 $f_{(x)}$ 符号，依次利用参数 P/Q/P 驱动，选择凸台长边为参考元素，阵列对象为凹槽，如图 8-23 所示。最终生成的垫片零件体如图 8-24 所示。

图 8-23　阵列凹槽

图 8-24　垫片

 8.2.2　实例 8-2

根据所给弹簧参数及公式表 8-2，利用参数化建模创建圆柱螺旋弹簧。

表 8-2　圆柱弹簧参数及公式

序号	参数名称	参数符号和公式	数值
1	弹簧指数	c	30
2	弹簧丝直径	d	5
3	节距	t	15（两端6）
4	有效圈数	z	15（两端3）
5	自由高度	$h = t * z$	
6	弹簧圈中径	$D_{mid} = d * c$	
7	弹簧圈外径	$D_{max} = D_{mid} + d$	
8	弹簧圈内径	$D_{min} = D_{mid} - d$	

绘制步骤：

（1）进入创成式外形设计工作台，设置特征树参数显示环境，见本章 8.1.1。

（2）单击"公式"命令，进入公式编辑器，依照圆柱弹簧参数表 8-2，创建弹簧相关参数，如图 8-25 所示。

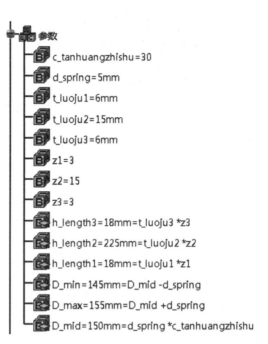

图8-25 创建弹簧相关参数

（2）利用螺旋线工具 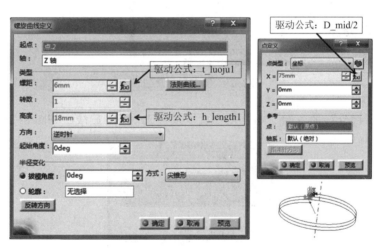 建立三段螺旋线，第一段起点的坐标为（D_mid/2，0，0），后两段螺旋线起点均为前段螺旋线的顶点，三段螺旋线对话框的设置如图8-26~图8-28所示。

图8-26 第一段螺旋线设置

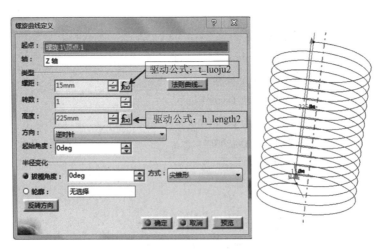

图 8-27　第二段螺旋线设置

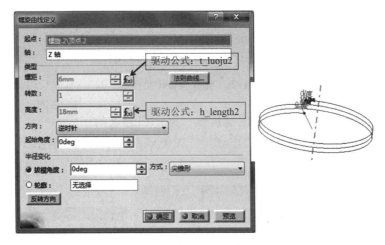

图 8-28　第三段螺旋线设置

（3）利用"接合"命令 ，将三段螺旋线接合成一条螺旋线，如图 8-29 所示。

图 8-29　"接合定义"对话框

（4）在螺旋线起点的法向方向创建一个参考平面，在"平面定义"对话框中选择"平面类型"为"曲线的法线"，如图 8-30 所示，在建好的平面上绘制一个圆形轮廓，圆心为螺旋线起点，支持面为所建参考平面，半径"单击"中的  图标设置参数为"d_ spring"，如图 8-31 所示。

图 8-30 创建参考平面

图 8-31 绘制圆形轮廓

（5）切换到零件设计工作台，单击"肋"命令 ，出现"定义肋"对话框，"轮廓"选择圆，"中心曲线"选择螺旋线，"控制轮廓"选择拔模方向，"拔模方向"选择 Z 轴，如图 8-32 所示，单击"确定"按钮，生成弹簧。

图 8-32 "定义肋"对话框

（6）在弹簧的上下两端分别建立两个偏移平面，下偏移参考平面 *xy* 的距离公式为"d_ spring/1.5"，上偏移参考平面 *xy* 的距离公式为"h_ length2＋h_ length3－d_ spring/1.5"，如图 8-33 所示。

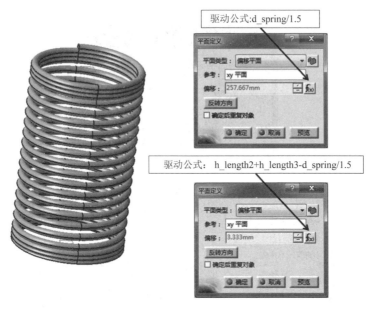

图 8-33　建立两个偏移平面

（7）单击"分割"命令，利用上一步骤中建立好的上下偏移平面切出平弹簧断面，如图 8-34 所示。

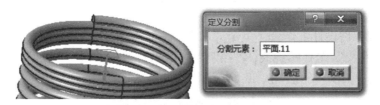

图 8-34　利用"分割"命令切平弹簧断面

8.2.3　实例 8-3

根据所给蜗杆参数及公式表 8-3，利用参数化建模创建蜗杆。

表 8-3　蜗杆参数及公式

序号	参数名称	参数符号和公式	数值
1	轴面模数	mal	8 mm
2	蜗杆直径系数	q	10
3	齿形角	alfa	20deg
4	蜗杆头数	z1	1

续表

序号	参数名称	参数符号和公式	数值
5	蜗杆齿顶高系数	'ha *'	1
6	蜗杆齿顶隙系数	'c *'	0.3
7	蜗杆齿顶高	ha = 'ha *' * ma1	8 mm
8	蜗杆齿根高	hf = ('ha *'+'c *') * ma1	9.6 mm
9	蜗杆分度圆半径	r1 = ma1 * q/2	40 mm
10	蜗杆齿顶圆半径	ra = r1+ha	48 mm
11	蜗杆齿根圆半径	rf = r1-hf	30.4 mm
12	导程	I_daocheng = luoju * z1	25.133 mm
13	螺距	luoju = ma1 * PI	25.133
14	虚拟刀具参数	tools_length = (ma1 * PI/2-2 * (r1-rf) * tan(alfa))/2	2.789
15	螺旋升角	atan(z1/q)	5.711deg

绘制步骤：

（1）进入创成式外形设计工作台，设置特征树参数显示环境，见本章8.1.1。

（2）单击"公式"命令，进入公式编辑器，依照蜗杆参数表8-3创建弹簧相关参数，如图8-35所示。

图8-35　创建蜗杆相关参数

（3）单击"参考点"命令 ，在 yz 平面上利用坐标建立点 2（$X=0$，$Y=40$，$Z=0$），如图 8-36 所示。再单击"螺旋线"命令 ，以点 2 为起点，建立螺旋线，"轴"选择 Z 轴，"螺距"单击 ，利用参数 luoju 驱动，如图 8-37 所示。

图 8-36 建立螺旋线的起点

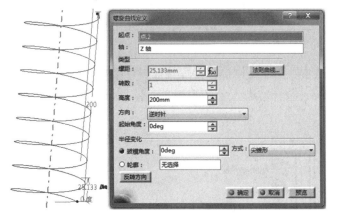

图 8-37 建立螺旋曲线

（4）在 yz 平面上，以 Y 轴为对称线，绘制参数化虚拟刀具轮廓线，如图 8-38 所示。

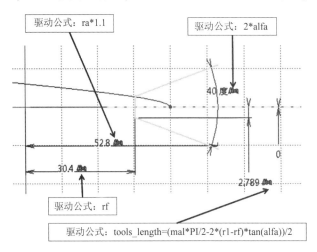

图 8-38 建立参数化虚拟刀具轮廓线

（5）单击"扫掠"命令，设置上一步绘制的参数化虚拟刀具轮廓线为轮廓，螺旋线为引导曲线，Z轴为拔模方向，建立扫掠曲面，如图 8-39 所示。

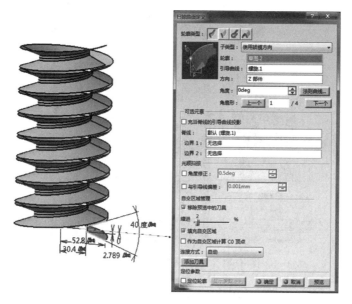

图 8-39　建立蜗杆工作曲面

（6）切换到零件设计工作台，插入新的几何体，修改名称为"精制毛坯"，单击"草图"命令 ☑，在 yz 平面上绘制蜗杆本体草图轮廓，并添加相关尺寸标注，中间最大的半径设置驱动公式为"ra"，如图 8-40 所示。

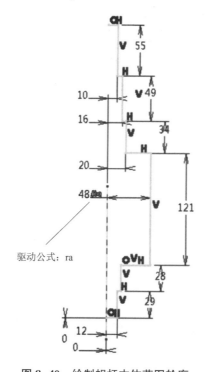

驱动公式：ra

图 8-40　绘制蜗杆本体草图轮廓

（7）退出草图编辑器，单击"旋转体"命令 ，出现"定义旋转体"对话框，选择上一步所绘制的草图为轮廓，单击"确定"按钮，生成蜗杆本体三维实体，如图 8-41 所示。

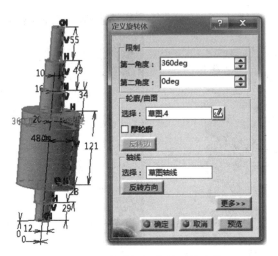

图 8-41   生成蜗杆本体三维实体

（8）单击"分割"命令 ，弹出"定义分割"对话框，选择"扫掠.5"，利用步骤（5）建立的工作曲面切割步骤（7）中建立的蜗杆本体三维实体，最终获得蜗杆参数化三维实体，如图 8-42 所示。

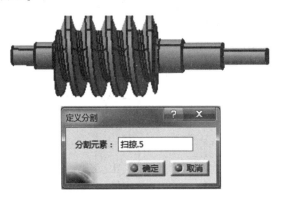

图 8-42   蜗杆参数化三维实体

8.3   实战练习

（1）根据表 8-4 所给出的渐开线直齿圆柱齿轮变量参数，利用参数化建模的方法绘制渐开线直齿圆柱齿轮。

表 8-4   渐开线直齿圆柱齿轮变量参数

序号	变量名称	参数和公式
1	模数	m_n

序号	变量名称	参数和公式
2	齿数	z
3	压力角	α
4	齿顶高系数	$h_a^* = 1$
5	顶隙系数	$c^* = 0.25$
6	齿顶高	$h_a = m_n^* h_a^*$
7	齿根高	$h_f = m_n^* (h_a^* + c_n^*)$
8	分度圆半径	$r = m_n^* z / 2$
9	基圆半径	$r_b = r\cos\alpha$
10	齿顶圆半径	$r_a = r + h_a$
11	齿根圆半径	$r_f = r - h_f$
12	齿根圆角半径	$r_c = 0.38 \times m_n$

（2）根据表8-5所给出的深沟球轴承变量参数，利用参数化建模的方法绘制深沟球轴承。

表8-5 深沟球轴承变量参数

序号	变量名称	参数和公式
1	内径	d
2	外径	D
3	宽	B
4	钢球个数	n
5	保持架材料厚度	t
6	钢球半径	$r = (D-d)/8$
7	钢球组分布半径	$r_0 = D/2 - (D-d)/4$
8	外圈内孔半径	$r_1 = D/2 - (D-d)/6$
9	内圈外孔半径	$r_2 = D/2 - (D-d)/3$

第9章
汽车车身焊装夹具综合训练

汽车的生产制造包括冲压、焊接、涂装、总装四大工艺，在车身焊接过程中需要利用焊装夹具对车身钣金件进行定位和夹紧，之后才能使用焊枪进行焊接操作。焊装夹具主要包括夹紧单元、定位单元、BASE 工作台及控制单元等，下面我们就以车身某部件的焊装夹具为例，利用所学 CATIA 软件中的零件设计、产品设计、曲面设计等工作台进行整个工位的设计练习。

9.1　在曲面设计工作台中绘制钣金件

汽车车身是由不同结构的钣金件焊接而成的，本工位需要完成 5 个钣金件的焊接工作，如图 9-1 所示，请利用曲面设计工作台中的相关功能，参考所给出的钣金件实体数模，完成 5 个钣金件的绘制。

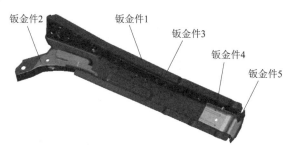

图 9-1　车身某部件钣金件

9.2　在零件设计工作台中绘制夹具单元

根据所提供的车身钣金件结构分析，得出整个工位的定位点和夹紧点位置布置方案，如图 9-2 所示。通过分析模拟本工位焊装操作过程得出，在本焊装夹具工位中共需要 3 个夹紧定位单元，单元的结构主要由压紧机构、定位机构等构成，3 个夹紧单元与定位点的参考位置关系如图9-3所示。每个单元的结构根据布置位置和钣金件结构各不相同，但都是由自制件、标准件和外购件组成。自制件包括压块、定位块、压臂、连接板、定位销、销支座、转接块等，标准件包括紧固件、垫片、L座、补高台旋转销等，外购件包括气缸、垫圈等，如图9-4所示。下面给出部分夹紧定位单元自制件的二维工程图（见图9-5~图9-13），请根据图示绘制零件。

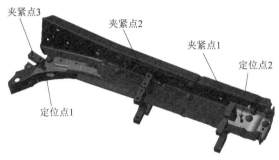

图9-2　定位点和夹紧点位置布置方案图

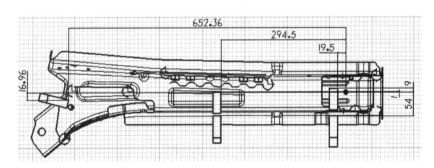

图9-3　3个夹紧单元与定位点之间的位置关系参考

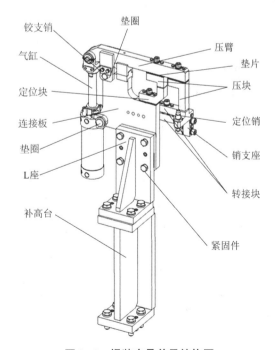

图9-4　焊装夹具单元结构图

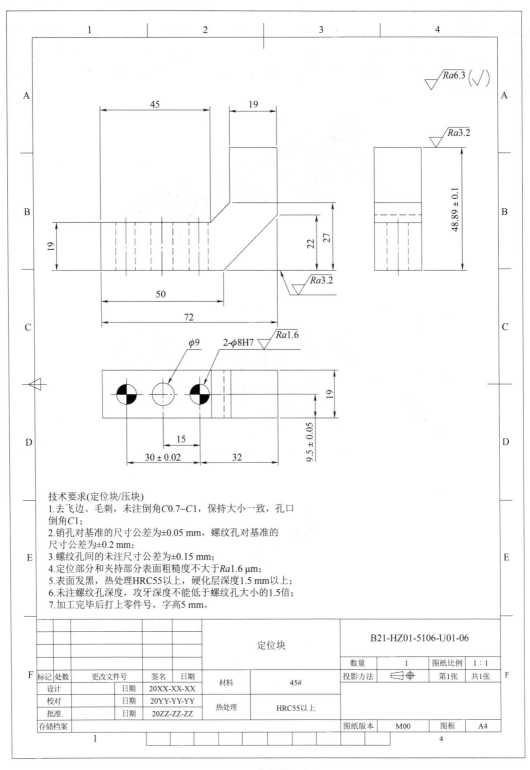

技术要求(定位块/压块)
1.去飞边、毛刺，未注倒角C0.7~C1，保持大小一致，孔口
倒角C1；
2.销孔对基准的尺寸公差为±0.05 mm，螺纹孔对基准的
尺寸公差为±0.2 mm；
3.螺纹孔间的未注尺寸公差为±0.15 mm；
4.定位部分和夹持部分表面粗糙度不大于Ra1.6 μm；
5.表面发黑，热处理HRC55以上，硬化层深度1.5 mm以上；
6.未注螺纹孔深度，攻牙深度不能低于螺纹孔大小的1.5倍；
7.加工完毕后打上零件号，字高5 mm。

					定位块		B21-HZ01-5106-U01-06		
							数量	1	图纸比例 1:1
标记	处数	更改文件号	签名	日期	材料	45#	投影方法		第1张 共1张
设计		日期	20XX-XX-XX						
校对		日期	20YY-YY-YY		热处理	HRC55以上			
批准		日期	20ZZ-ZZ-ZZ						
存储档案							图纸版本	M00	图框 A4

图 9-5　定位块工程图

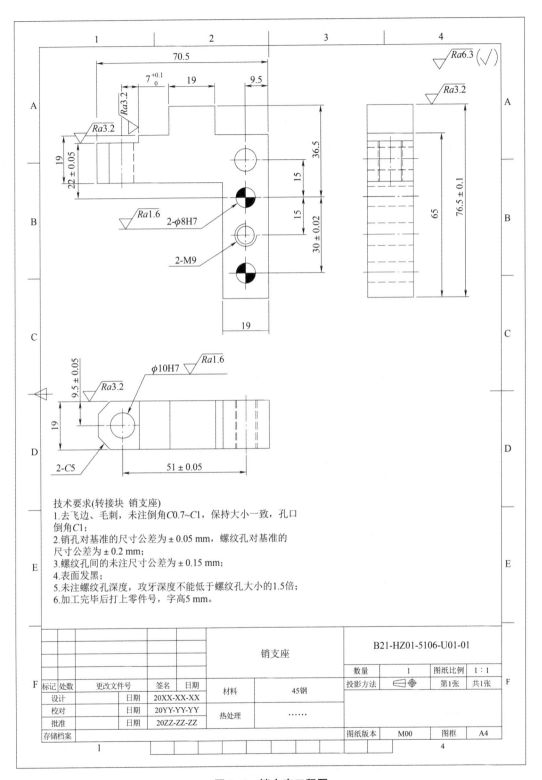

技术要求(转接块 销支座)
1.去飞边、毛刺，未注倒角C0.7~C1，保持大小一致，孔口倒角C1；
2.销孔对基准的尺寸公差为±0.05 mm，螺纹孔对基准的尺寸公差为±0.2 mm；
3.螺纹孔间的未注尺寸公差为±0.15 mm；
4.表面发黑；
5.未注螺纹孔深度，攻牙深度不能低于螺纹孔大小的1.5倍；
6.加工完毕后打上零件号，字高5 mm。

标记	处数	更改文件号	签名	日期	销支座			B21-HZ01-5106-U01-01			
设计			日期	20XX-XX-XX	材料		45钢	数量	1	图纸比例	1:1
校对			日期	20YY-YY-YY				投影方法		第1张	共1张
批准			日期	20ZZ-ZZ-ZZ	热处理		……				
存储档案								图纸版本	M00	图框	A4

图9-6　销支座工程图

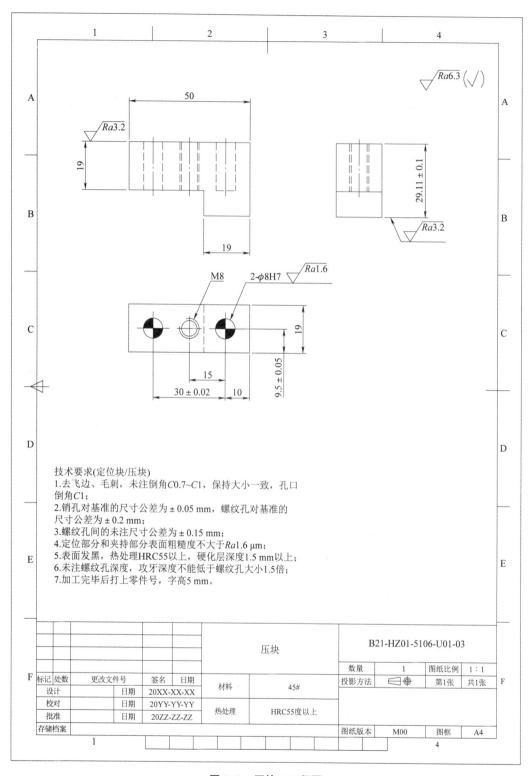

技术要求(定位块/压块)

1.去飞边、毛刺，未注倒角C0.7~C1，保持大小一致，孔口
倒角C1；

2.销孔对基准的尺寸公差为±0.05 mm，螺纹孔对基准的
尺寸公差为±0.2 mm；

3.螺纹孔间的未注尺寸公差为±0.15 mm；

4.定位部分和夹持部分表面粗糙度不大于Ra1.6 μm；

5.表面发黑，热处理HRC55以上，硬化层深度1.5 mm以上；

6.未注螺纹孔深度，攻牙深度不能低于螺纹孔大小1.5倍；

7.加工完毕后打上零件号，字高5 mm。

标记	处数	更改文件号	签名	日期		压块			B21-HZ01-5106-U01-03		
设计			日期	20XX-XX-XX	材料		45#	数量	1	图纸比例	1:1
校对			日期	20YY-YY-YY				投影方法		第1张	共1张
批准			日期	20ZZ-ZZ-ZZ	热处理		HRC55度以上				
存储档案								图纸版本	M00	图框	A4

图9-7 压块1工程图

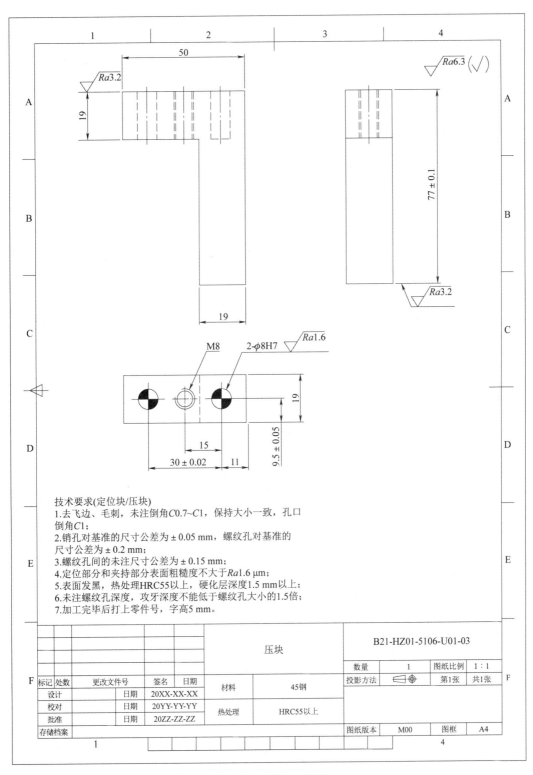

技术要求(定位块/压块)
1.去飞边、毛刺，未注倒角C0.7~C1，保持大小一致，孔口倒角C1；
2.销孔对基准的尺寸公差为±0.05 mm，螺纹孔对基准的尺寸公差为±0.2 mm；
3.螺纹孔间的未注尺寸公差为±0.15 mm；
4.定位部分和夹持部分表面粗糙度不大于Ra1.6 μm；
5.表面发黑，热处理HRC55以上，硬化层深度1.5 mm以上；
6.未注螺纹孔深度，攻牙深度不能低于螺纹孔大小的1.5倍；
7.加工完毕后打上零件号，字高5 mm。

						压块		B21-HZ01-5106-U01-03		
							数量	1	图纸比例	1：1
标记	处数	更改文件号	签名	日期	材料	45钢	投影方法		第1张	共1张
设计			日期	20XX-XX-XX						
校对			日期	20YY-YY-YY	热处理	HRC55以上				
批准			日期	20ZZ-ZZ-ZZ						
存储档案							图纸版本	M00	图框	A4

图9-8 压块2工程图

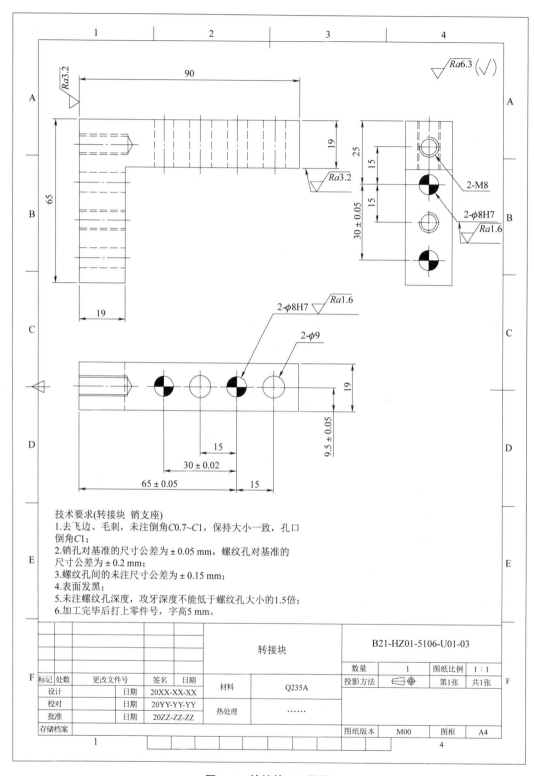

技术要求(转接块 销支座)

1.去飞边、毛刺，未注倒角C0.7~C1，保持大小一致，孔口
倒角C1；

2.销孔对基准的尺寸公差为±0.05 mm，螺纹孔对基准的
尺寸公差为±0.2 mm；

3.螺纹孔间的未注尺寸公差为±0.15 mm；

4.表面发黑；

5.未注螺纹孔深度，攻牙深度不能低于螺纹孔大小的1.5倍；

6.加工完毕后打上零件号，字高5 mm。

标记	处数	更改文件号		签名	日期		转接块			B21-HZ01-5106-U01-03		
									数量	1	图纸比例	1：1
设计			日期		20XX-XX-XX	材料		Q235A	投影方法		第1张	共1张
校对			日期		20YY-YY-YY							
批准			日期		20ZZ-ZZ-ZZ	热处理		……				
存储档案									图纸版本	M00	图框	A4

图 9-9　转接块 1 工程图

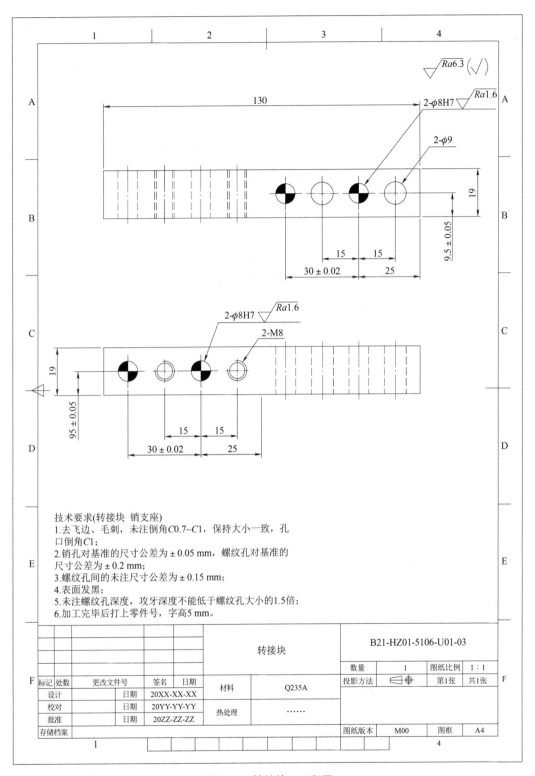

图9-10 转接块2工程图

技术要求(转接块 销支座)
1.去飞边、毛刺,未注倒角C0.7~C1,保持大小一致,孔口倒角C1;
2.销孔对基准的尺寸公差为±0.05 mm,螺纹孔对基准的尺寸公差为±0.2 mm;
3.螺纹孔间的未注尺寸公差为±0.15 mm;
4.表面发黑;
5.未注螺纹孔深度,攻牙深度不能低于螺纹孔大小的1.5倍;
6.加工完毕后打上零件号,字高5 mm。

转接块				B21-HZ01-5106-U01-03		
				数量	1	图纸比例 1:1
标记	处数	更改文件号	签名	日期	投影方法	第1张 共1张
设计		日期	20XX-XX-XX	材料	Q235A	
校对		日期	20YY-YY-YY	热处理	……	
批准		日期	20ZZ-ZZ-ZZ			
存储档案				图纸版本	M00	图框 A4

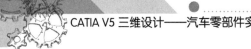

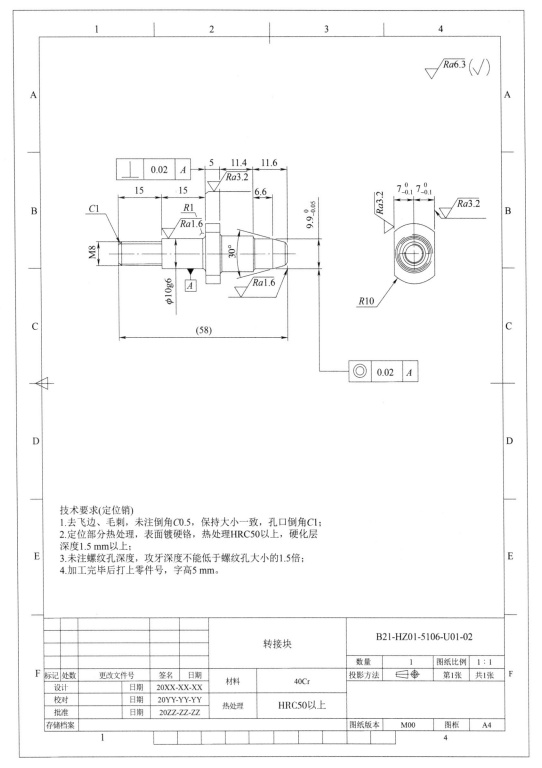

图9-11 定位销工程图

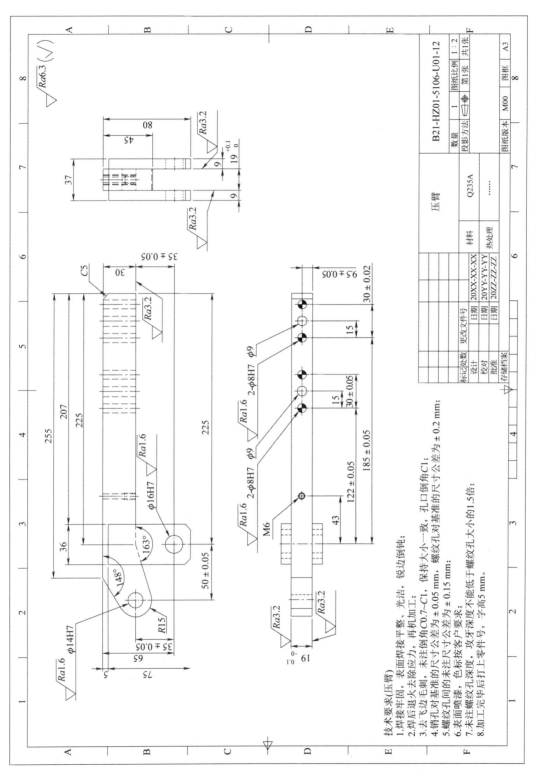

图9-12 压臂工程图

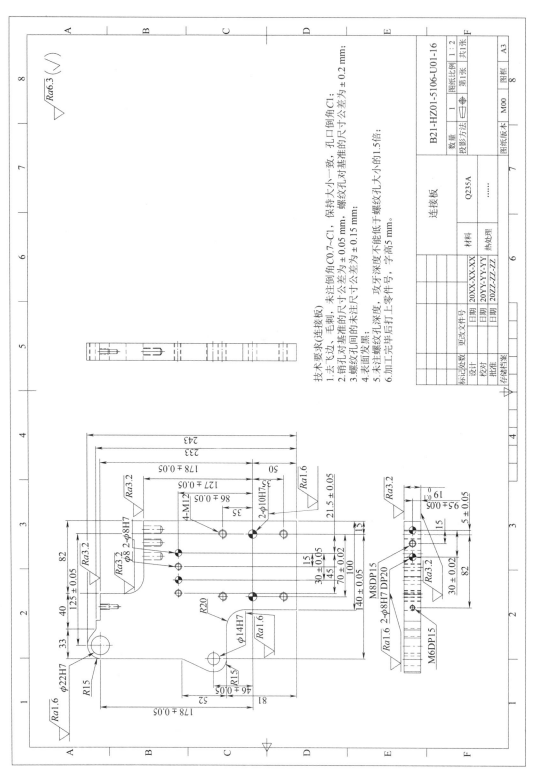

图 9-13　连接板工程图

9.3　在装配设计工作台中装配夹具工位

9.3.1　在装配设计工作台中装配定位夹紧单元

请将9.2中绘制的零件和所提供的外购件、标准件装配成如图9-4所示的定位夹紧单元（单元1）。

9.3.2　在装配设计工作台中装配焊装夹具工位

焊装夹具工位除了夹紧单元外还包括钣金件、BASE工作台及相关控制设备等，如图9-14所示。请将9.1中绘制的钣金件和9.3.1中装配的定位夹紧单元（单元1）以及所提供的其他两个定位夹紧单元（单元2和单元3）、BASE工作台、相关控制设备装配成一个完整的焊装夹具工位。

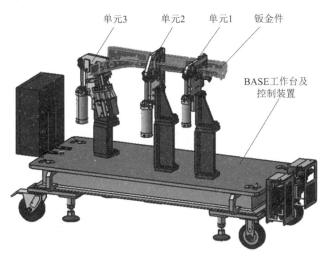

图9-14　焊装夹具工位

9.4　在工程制图工作台中绘制焊装夹具工位总装图

参考表9-1中所提供的信息，绘制9.3.2中装配完成的焊装夹具工位的总装图，装配图上包括三视图、轴侧图、外形尺寸，以及技术要求、图框和明细栏。

表9-1　焊装夹具工位明细栏信息

序号	代号	名称	数量	材料	备注
01	HZJJ-00-00	钣金件数模	1		
02	HZJJ-01-00	BASE工作台	1		

续表

序号	代号	名称	数量	材料	备注
03	HZJJ-02-00	夹紧定位单元（单元1）	1		
04	HZJJ-03-00	夹紧定位单元（单元2）	1		
05	HZJJ-04-00	夹紧定位单元（单元3）	1		

参考文献

［1］陈智勇,李洲稷,等.3D 建模和 3D 打印技术［M］.西安:西安电子科技大学出版社,2021.

［2］侯洪升,刘广武.CATIA V5 机械设计案例教程［M］.北京:人民邮电出版社,2014.

［3］刘宏新,徐高伟,等.CATIA 三维设计基础与应用.［M］.北京:机械工业出版社,2014.

［4］赵罘,赵楠,等.CATIA 机械设计从基础到实训.［M］.北京:机械工业出版社,2014.

［5］丁源,刘庆伟.CATIA V5 R21 中文版从入门到精通.［M］.北京:清华大学出版社,2012.

［6］刘宏新,宋微微,等.CATIA 数字样机运动仿真详解.［M］.北京:机械工业出版社,2012.

［7］李苏红.CATIA V5R 实体造型与工程图设计.［M］.北京:科学出版社,2008.

［8］丁仁亮.CATIA V5 基础教程.［M］.北京:机械工业出版社,2007.

［9］王宁侠.机械设计.［M］.北京:机械工业出版社,2007.

［10］边欣,杨光,等.自顶向下的虚拟装配设计.［J］.机械管理开发.2007(05):72-73.